実録「難クレーム」解決マニュアル

浦野啓子

JN286419

成美文庫

はじめに　お客と勝負する覚悟がありますか

クレームをその場で解決できるか、できないかは「お詫びのしかた」で、ほぼ決まります。一瞬でも謝る側が、「何で私が謝らなくてはいけないの……」と相手を拒否すると、その気持ちが伝わってしまいます。いくらていねいなお詫びの言葉を並び立てても、それが上辺だけの対応だと見抜かれてしまうのです。

今回、私は多くのクレーム処理がうまくいった人と失敗した人にお目にかかりました。わかったことは、クレーム処理が上手な人は、自分に非があると認めたときは、「相手に迷惑をかけたことを真摯に受けとめ、責任をとろう」とする覚悟があることです。どんなに辛い立場に追い詰められようとも、それを解決する糸口を見つけ、そのピンチを脱するまで、踏ん張ろうとする強さがあることでした。

また、こちら側には悪いところがないクレームだとしても、すぐにはその場から逃げません。「なぜ、相手がそんなに身勝手な行動をとるのか」「どうして私を困らせることに喜びを感じているのか」を知ろうと努力するのです。

ところが、相手の態度が軟化するように、さまざまな答えを用意したのに、それを受け入れられなかったときには覚悟を決めます。相手との関係を断ち切るのです。たとえば、弁護士を立てることに問題が発展したとしても、闘おうとするいさぎよさがあります。

それに比べてクレーム処理が下手な人は、その場の雰囲気に飲まれてしまいます。それはクレーム処理に関しての自分の考えやスタンスをはっきりと示さないからです。クレームが発生したら、「お客と正面きって勝負する！」――これこそが、クレーム処理をするための極意であることを学びました。

さらに、最近感じるのは、いくら丁寧な詫び言葉を使って相手に謝っても、そこに話し手の魂が感じられないと、その気持ちは正確に伝わらないというのがわかってきました。言葉が一人歩きをしてしまうのです。それならばいっそのこと、無理をして、使いなれない言葉を探す必要はないと思っています。

生活の中で使っている「相手に謝りたい」と思ったときに、普段口にしている言葉をそのまま声にすればいいのです。もし、それが「ごめんなさい」というひとことだとしても、そこに詫びる側の心がこもっていれば、その思いは必ず通じます。

第5章でとりあげた麻生さんの例などは、まさにそれです。お客に対して、百貨店で働く女性としては使ってはならない「おじいさん、おばあさん」という言葉を口にしています。しかし、彼女は老夫婦にいくら丁寧に詫びても、自分の正直な気持ちが伝わないことがわかったときに、販売員から一人の女性に戻って、お客に詫びをしたのです。それが問題解決につながりました。

言葉は不思議なものです。あなたなりの魂を吹き込んだときに、それは宝石のように輝きだすのです。

浦野　啓子

もくじ＊実録「難クレーム」解決マニュアル

[第5章]

よかれと思って行動したことが裏目にでることを体験 無意識のうちに人を傷つけているときがある

[第6章]

ピンチを喜べ！　クレーマーを誘導し、ビジネスチャンスにするコツ
店のイメージダウンを「上手に阻止する」とっておきの秘訣

※登場人物は、氏名・所属とも仮名です。

編集　マナップ　村上　直子
本文イラスト　盛本　康成

第1章
「お客の合意で一件落着！」と思ったら一撃を受ける
九九％解決したと思っても油断は禁物。残りの一％がくせ者

シティホテル

三カ月前のトラブルがいまだに許せない！ それが「クレームメール」を送り続けるわけだった

太田　雄介　41歳【飲食部　部長】
ホテルに転職して10年。部長になって半年。
「役職の重みを実感中……」

ああ、もしかしてこのメールの送り人は、三カ月前にうちが迷惑をかけたT建設会社の堀田さんからのいやがらせかもしれない――。私がこう直感したのは、今回、お客から受け取ったクレームメールに対して、誠意を示しているのにもかかわらず、いつまでたっても、どうしてほしいのかをはっきりと言ってこないからでした。

相手とはずっと平行線をたどっているのです。まるで私が苦しんだり、困っている姿を喜んでいるようにしか見えなくなってきたのです。

私はこのホテルに転職して一〇年。自分でいうのも何ですが、文句もほとんど言わず、まじめにコツコツ働く性格が認められ、部長になって半年になります。でも、こんな体験をしたのは、はじめてでした。お客様のなかには、いろんなタイプがいらっしゃるので、些細なトラブルが発生することもあります。でも、その場で謝り、きちんと相手の望み通りに処理さえすれば、すべてがまるくおさまっていました。

ところが、今回ばかりは、いつもと様子が違っていたのです。

「昨日、二階にあるレストランでランチを食べた者ですが、そのあとから急にお腹を下しました。午後からは大事な会議だったというのに、何回、トレイにかけこんだことか。思い出されたカキフライを食べたときに、『妙に油っぽいし、味もちょっと変だなぁ』とは思ったんですけどね。ちょうどお昼時間で三人いたサービス係の人たち全員が店内を走りまわるほど、お忙しそうだったので、声をかけるのを遠慮いたしました。でもね、あれからほぼ一日たったのに、いまもお腹の調子が悪いんです。おたくはホテルなのに、腐りかけたものを平気でお客に食べさせるんですか　○△町　堀田」

このメールが、すべてのはじまりでした。

血相を変えた部下の山下さんから「部長！　うちのレストランでカキフライを食べて、お腹をこわしたというクレームのメールがきています」と報告されたときは、相手が誰なのかは気がつきませんでした。でも、それから五回ほどのメールのやりとりにおよんだところに、だんだんと相手からいやがらせをされているように感じてきたのです。「いったい、何者なんだろう」と考えていると、三カ月前にトラブルがあった堀田さんの顔が浮かんだのでした。

メールに執拗にこだわる相手の正体を知りたい

私は一回目のメールを受け取ったあとに、この手のクレームは相手に電話を入れて、きちんと事情を聞いてお詫びしたほうがいいと思いました。さっそく、山下さんにメールのぬしと連絡をとりたいからと電話番号を尋ねたのです。すると、「連絡先のアドレスは書いてあるのですが、フルネームはもちろん、正確な住所、電話番号などは一切、書いてありません。部長、どうしましょうか」と、彼も困った様子で、私に訴えてきます。

私はまずはメールでお詫びするしかないと思って、パソコンに向かい返事を書きました。

「いつも、当ホテルをご利用いただきまして、心から感謝申し上げます。本日、堀田様からメールを頂戴いたしましたが、私どものランチメニューを召し上がったあとに、お体の具合を崩されたと聞いて、とても申しわけなく存じております。つきましては、その後の体調は、いかがでございますでしょうか。

当ホテルといたしましては、調理場の衛生面、料理人やサービス係の身だしなみなどに関しまして、細心の注意を払っているつもりでございます。何か不手際がありました

のなら、きちんとお電話でお話をするか、お目にかかり、お詫びを申し上げたいと存じます。

恐縮ではございますが、お客様からのお返事をお待ち申し上げております」と書いて、文章を読み返したあとに、パソコンのキーを押しました。

すると、翌日に堀田さんと名乗る人物から、メールで返事がきていました。

「メールを読みました。あれからというもの私は体調を崩し、こんなにひどい状態なのに、あなたの文面からは、まったく具合が悪い人に対する気遣いが感じられません。

何回もメールを読んでみましたが、あなたが言いわけをしているようにしか思えません。肩書からすると、飲食部門の責任者でいらっしゃるようですが、本当にレストランの現状をお調べになったのですか。『衛生管理には十分に気をつけている』と書いてありましたが、それならなんで私がお腹を下したのですか。私がウソをついているとでも、言いたいのですか。お客を疑っていいのですか。

そちらがそのような態度なら、こちらも考えがあります。私の友人は新聞社で記者をしていますから、彼におたくの杜撰《ずさん》な現状を話してもいいと思っています」

と返事がきたのです。

メールを読み終わった私は、挑戦的なメールに戸惑いました。こちらが連絡先を教えてもらえれば、お詫びをしたいと言っているのに、まったくそのことには触れられていません。それどころか、新聞社にホテルの現状を話すと言っているのですが、何で急にそこまで話が発展するのかもわかりません。言われて困ることはないのですが、それでも接客業ですから、このままの状態でこのお客を放置しておくのも危険だと思いました。

そこで再び、メールを送ったのです。

「たしかにメールを頂戴いたしました。私といたしましても、お客様の体調を心配しておりましたが、もしご気分を害されたのでしたら、お詫び申し上げます。つきましては、まずは堀田様と直接、お電話にてお話をしたいと存じます。大変、恐縮ではございますが、ご連絡先をお教えいただければ幸いでございます。お手数をおかけいたしますことを、お許しくださ い」

するとと、三時間後に堀田さんから再びメールがきたのです。画面を開いてみると、上から下まで、そこにはびっしりと文字が並んでいました。何が気に障ったのかわかりませんが、ホテルに対する怒りを表す言葉が並んでいました。

たとえば、「あなたはお客をなめているのですか、人がこんなに苦しんでいるのに、あの短いメールは何なんですか。おたくのパンフレットのどこかに「お客様を大事にする」と書いてありましたが、どこがお客のことを考えているのですか。失礼にもほどがあります。何で個人の電話番号をあなたに教えなければならないんですか」という具合です。

私はしかたなく、三〇分近くかけて前回よりも長いお詫びの文章を書きました。そして再び、先方に送ったのです。すると、次の返事は、「本当に詫びる気持ちがあるんだったら、料理を作ったり、配膳をしている料理長やサービス係など、直接レストランの仕事に携わっている人も謝ってくるべきでしょう。あなたは飲食部門の責任者のようですが、長がつく人があやまればいいと思っているのであれば、私をやはり小バカにしています。肩書がついている人が、よく起こす過ちです、それだけでは誠意がまったく感じられません」という内容でした。

「へ理屈」という言葉がありますが、どんなメールを送ってもこちらが書いたことの言葉じりをうまくつかんでは、困りそうな部分を巧みに突いてくるのです。何回もお願いしたにもかかわらず、フルネームも電話番号も教えてくれません。こんなやりとりを繰り返しているうちに、徐々に堀田さんが何者なのかが、わかってきました。

今回のクレームを招いたお弁当遅延事件

お客とメールのやりとりをしていると、このホテルをどれぐらい利用しているのか、どんな目的で利用しているのかなどが、文章の端々から想像できるときがあります。

もちろん、このケースも相手は自分が何者なのかは、まったく明かしませんでしたが、五回めのメールがきたときでしょうか。文面の中に、「あなたのホテルの姿勢は、いつもそうだ」という一文を見つけたときに、数カ月前にあった六〇人ほどの会議のことを思い出したのです。たしかそのときに、当ホテルとの交渉窓口をしていたのが、堀田さんという名前でした。

たしか三〇代前半ぐらいの男性だったと思いますが、この日、ホテル側のミスで彼に大変な迷惑をかける事件があったのです。でも、おおごとにならずに、どうにかピンチを切り抜けられたので、堀田さんには納得いただけたとばかり思っていました。ところが彼の中では、いまだにこのトラブルは解決していなかったことに、私は気づいたのです。

今回のメールによるクレームは、多分、そのときの怒りの感情をぶつけてきていたのです。

ここで、三カ月前の事件について説明しましょう。実は堀田さんが勤めるT建設会社が会議で鳳凰の間を利用してくれているときに、隣の孔雀の間にはM信用金庫の中堅社員の研修が入っていました。T建設会社は六〇人、M信用金庫は四五人ぐらいの会でした。両社とも朝一〇時から夕方五時まで、会場を使うことになっていたため、昼食としてお弁当の注文を受けていたのです。うちのホテルのお弁当は、すべて二階のレストランで作りますが、会議室を利用されるお客にも人気があるのが、一人前、九八〇円のハンバーグ弁当と焼肉弁当です。どちらもボリューム満点なうえ、中に入っている牛肉がやわらかいし、ジューシーだと評判なのです。この日は、T建設会社がハンバーグ弁当、M信用金庫が焼肉弁当を注文していたのです。

ところで私は、飲食部門の責任者ですが、宴会や会議があるときは、その指揮もとります。ですから、常時、ホテルの中を歩きまわり、ホテル内で何か困ったことが起こっていないかをチェックしているのですが、お昼ちょっと前だったでしょうか。会議室のあるフロアに足を踏みいれると、大きな怒鳴り声が聞こえてきました。ひょろひょろと背が高い男性が宴会担当の山村さんに向かって、何かを興奮して話していました。

クレームに違いないと直感した私は、足早に二人に近づいていきました。すると、

「私はそれでは納得いかない。だってそうでしょう。一二時になったら、すぐにお弁当を出せるようにスタンバイしてくれって、何回あなたに言ったと思う？　たしか昨日、私のほうから確認の連絡を入れたときに、『承知いたしました』って言ったよな。あなたの声だったはずだ。覚えているだろう。それで何？　いまごろになって、お弁当をお出しする時間が遅れそうですってぬけぬけと言うのかい。えっ！　何を黙っているんだよ。何でさっきから、何も言わないんだ！」という内容が聞こえてきたのです。

どうも話の内容からすると、お弁当の手配で手違いがあったようで、お客と約束した時間に、人数分の昼食がセットできないというのでした。山村さんは入社三年目の優しい性格の社員なのですが、このようなクレーム処理には向いていないらしく、相手の迫力に言葉がまったく出ない状況でした。真っ青な顔をしていましたから、本人は謝りたいと思っているようでした。しかし、その態度がまた、相手の怒りを倍加させていました。

「これはまずい！」と直感した私は、内ポケットからすばやく名刺を取り出すと、男性

に近づいていきました。

「宴会予約の責任者もしております太田と申します。お客様、私どもがお弁当をお出しするのが遅れているようで、誠に申しわけございません。あと二〇分で一二時です。一二時までにお弁当すべてをご用意できますとは確約はできかねますが、すぐに私のほうでも動きますので、ここはとりあえずお時間をいただけますでしょうか」と、深々とお辞儀をしながら、お願いをしました。

男性はチッと舌打ちすると、「どうにかしてくれるのかね。今日、会議に参加している人たちに迷惑をかけるわけにいかないんだよ。本当だね、本当だね」と、何回も確認をされたのです。

ほかの会場では結婚式が……

私は早速、レストランの担当者、山本さんに内線電話を入れました。一一時三〇分の時点でお弁当が一五個足りないとわかり、残りの分をつくりはじめたようです。ですから、いま、厨房は大混乱しているというのです。

ちょうどこの日は、ほかの会場で結婚式が行われていて、レストラン部門で働く社員の数人がそちらの仕事につきっきりです。そのうえ、風邪で休んでいる人もいて、いつもより働いている人数が少ないようでした。「部長、いま、電話で話をしている時間はありませんので、電話を切ります」と、山本さんはうわずった声で答えると、一方的に電話を切ってしまったのです。

これではまずいと思った私はさっそく、一階のレストランまで降りていき、自分の目で様子を確認しました。私の経験からするに、すべてを用意すると、一二時は過ぎそうですが、一〇分遅れぐらいですみそうです。

そう判断すると、会議室のあるフロアで待機している山村さんに内線電話を入れ、お客に状況を説明するように指示を出しました。そしてすぐさま、私もその場に向かったのです。一方、堀田さんはお弁当が予定通りに用意されないことがわかると、会議の進行役に午前中の終了時間を少し延ばしてほしい、とメモをまわしたようでした。

このような連携プレーが効を奏し、お弁当を会議室にセットするのは、一〇分ほどの遅れではじめられました。

私も手伝ったものの、この日は結婚式が入っていたり、休みの社員もいて人手不足だったこともあり、配膳係の女性を加えた四人で行ったのですが、全部のセットが終わると一二時二〇分を過ぎていました。

ところで、このミスの原因は、T建設会社に出すお弁当の数とM信用金庫に出すお弁当の数を間違えたことが原因でした。もっとも単純なミスであり、あってはならないミスです。何らかの行き違いがあり、お弁当の数が記入された注文票に転記ミスがあったようなのです。そのうえ、M信用金庫の昼食時間のスタートはT建設会社より三〇分遅い一二時三〇分スタートになっていたことも、まちがいの発見を見つけるのを遅れさせたのでした。

　原因はわかっても、担当者の男性に迷惑をかけたのは変わりません。それもあって、すべてのお弁当が出し終わったときに、私なりに迷惑をかけたことに対しては、誠心誠意きちんとお詫びをしました。このときはじめて、この男性から名刺を受け取ったのですが、そこには「堀田　剛」と書いてあったのです。

　これで一見落着したと思い、私はしばらくこんなトラブルがあったことは、忘れていました。

ホテル側のクレーム処理を納得していなかったお客

　さて、今回の「クレームメール事件」に話を戻しますが、堀田さんは七、八回目のメールあたりから、当ホテルに文句をいうのを楽しんでいるようにも見えました。どんな内容のメールを送ってもらちがあかないと思った私は、だんだんと返事を送る日を意識的に一日ずらしてみたり、二日ずらしたりしました。

でも、私が何も返事をしないと、一日に送られてくるメールの数が三通、四通と増えるのです。支配人に相談してみたのですが、やはりどうしたらいいのか考えが浮かばないと言います。でも、このままにしておくわけにもいきません。支配人は数週間前に、ある会合で知り合ったビジネスホテルの社長に、相談してみると言ってくれました。

ホテルを創業し、レストランを含めると五店舗も経営されている業界の実力者だというのです。そのうえ初対面なのに三〇分ほどいろいろな話をしたし、社長のほうから、「これからも情報交換などをしながら、いいおつきあいをしましょう」と声をかけてくれたのですから、きっと知恵を貸してくれるというのでした。

翌日のことです。支配人は私を待っていたようで、出社するとすぐに支配人室に呼ばれました。

「例のクレームメールの件だけどね。いいアイデアをいただけたよ。社長がいうのには、こちら側としては特につつかれる問題はないと言うんだよ。きちんと相手に誠意を示しているんだし、落度がないはずだからね。一〇〇%、相手の思い通りになる必要はないそうだ。第一、そのお客様がお腹をこわしたという証拠も今の段階ではないんだからね。とにかく相手の言いなりになっているのが問題なのだから、どこかできちんとけじめをつけることだ。

メールで『誠に申しわけございませんが当ホテルでは、初回はメールでご連絡をいただいたお客様でも、やりとりが五回以上におよんだ場合は、必ず電話でお話をするか、直接、お目にかかるようなルールになっております』と返事をしてはどうかと、社長からはアドバイスを受けたよ。どうだね？」

すでにメールのやりとりは、二〇回以上になっていましたが、堀田さんからのメールをストップさせるには、いいアイデアかもしれません。さすが、経営者は着眼点が違うと感心しました。私はほかの仕事に取りかかる前に、すぐパソコンに向かいました。「今日で堀田さんとメールのやりとりは最後にしよう」と決意すると、ゆっくりと「太田でございます……」とキーボードを打ち始めました。

そして支配人の指示どおりの文面をつくり、送信したのです（ただし、支配人から教えてもらった五回の部分を一〇回に変更しましたが）。すると、どうでしょうか。こちらが堂々とした態度をとったからなのでしょうか。それから堀田さんからのメールはピタリとこなくなったのです。

サービス業界では、さかんに「顧客満足」の大切さが叫ばれています。でも、今回のトラブルで本当の「顧客満足」とは何なのかを学んだように思います。

それは、相手の言いなりになることではありません。自分たちのスタンスを明確にし、「ここからはどうしても譲れません」というラインを引くことが、本当の「顧客満足」には大事なのです。

でも、堀田さんがこんなクレームを言ってきた原因は私にもあります。というのは、第一回目の「お弁当トラブル」を引き起こしたのは、どう考えても当ホテルのミスです。私としては、一〇分遅れでお弁当を用意できたのですから、迷惑をかけたものの許される範囲というおごりがあったのも事実です。

堀田さんはそんな私の気持ちを見抜いたのかもしれません。そうでなければ、彼はあとで上司から、お弁当の用意が遅れたことに対して、ひどく怒られたのかもしれません。どちらにしても私の想像ですが、あのあとに堀田さんの気持ちの中で、何かが許せない気持ちにまで膨らみ、それが大きな怒りに変わったのはたしかです。

クレームは大小に関係なく、問題解決したあとの処理も大事であるのを悟りました。

この気配りが大事です！

教訓1　クレーム客に送るメールには、確実にできることだけを書く

「なぜ、三カ月前のトラブルを今ごろ蒸し返すのか」。これは太田部長だけなく、私も驚きました。でも、人はとてもつらかったできごとや、くやしかった経験は、早く忘れようとする心理が働く半面、なかなか頭から離れないことがあります。たしかに人によっては翌日にはケロッとしていることもありますが、三カ月、半年、一年と覚えていることもあります。また、一度、忘れたとしても何かのきっかけで再び、その嫌なことを思い出すと、今度はそのできごとが、許せなくなってきます。

最近はお客の意見などを、メールで受けている企業が増えてきています。メールを送る立場からすれば、自分の正体をあかさずに相手に自分が言いたいことを主張できるのですから、クレーム客にとっては便利なツールになってきました。

お互いの顔が見えれば、きちんと謝ったり、相手の要求を尋ねることもできますが、このケースのように相手の正体がわからなければ、反応を待つしかありません。とてもやっかいです。このような相手とメールのやりとりをするときは、送受信したメールはきちんと残しておきましょう。トラブルを自分たちの手で収拾できなくなったときに、

弁護士などの専門家に判断を委ねることがありますが、立派な証拠品になるからです。

また、お詫びメールの内容にも、気をつけたいものです。相手から脅されると、それにおじけづいて、自分が任されている仕事の範疇《はんちゅう》を超えた判断をしてしまうことがあります。

たとえば、金銭の要求をちらつかされたら、個人の考えで対処を決めることはできないのに「はっきりと申し上げられませんが、前向きに検討させていただきます」などと、書いては絶対にダメです。万が一、会社の方針として、「お金で解決しない」と決定した場合に、相手からここを鋭く追及される可能性があります。それぐらい文章として残すのは、とてもこわいことなのです。

教訓2　クレームの傷口を最小限に抑えるには、配膳は一気に進める

堀田さんが、メールでいやがらせをするようになったきっかけは、ホテル側に原因があります。T建設会社が会場を使ったときに、注文されたお弁当を時間通りに出せなかったのが原因でした。でも、太田部長の働きで、お弁当のセット時間が一〇分ほどの遅れですんだのはさすがです。

しかし、この日は結婚式があったり、ランチタイムと重なって人手不足だったとはい

え、四人でサービスした点は工夫が必要でした。起こってしまったクレームはしかたがありませんが、その後の処理をお客は観察しています。六〇名のお弁当をすばやくテーブルに並べなくてはならない非常事態なのですから、配膳のときだけでも最低で六、七人ほど集めて四、五分以内ですべてのセットができるようにするべきでした。

また、このようなトラブルのあとですと、サービスする側は、お弁当を出すことばかりに追われてしまい、部屋のドアをあけた途端に、まっしぐらに配膳にとりかかってしまいます。でも、部屋に入る前には、全員がきちんと一礼することを忘れないように。すばやくお弁当を配るには、それぞれがどの列をどの順番で配るのか、お茶は誰がどのような段取りでサービスするのかを、打ち合わせしておくようにしましょう。

教訓3　トラブルがあったお客のお見送りをする

お客に迷惑をかけたら、そのフォローが大事です。宴会を担当した山村さんはT建設会社の会議が終わったのを見計らって、玄関まで見送る配慮を身につけたいもの。ある企業は、お客からクレームが入ったら、関係者全員が玄関口に出て、お見送りをしています。クレーム客がしばらくして振り返ったときに、まだ玄関口に立っているのを目にすると、詫びている気持ちが伝わるからです。

相手を玄関先まで見送ったとし、深々と頭も下げていました。でも、しばらくしてクレーム客が振り返ると、「もう面倒なお客は帰った」とばかりに、ダラダラと社員同士が談笑しながら建物に入っていく姿を目にすることがあります。これではいかにも形だけのお詫びになってしまい、再び相手を怒らせることにもなりかねません。

お客の姿が見えなくなるまで、お詫びの気持ちを添えるようにしましょう。

旅行会社

旅行当日、ツアー名簿に申込者の名前が載ってない！
ツアコンの意地にかけて旅行を断行。でもその陰には汗と涙が

落合　文哉　27歳　**【ツアーコンダクター】**
Y旅行会社に就職して4年。現在、団体旅行営業を担当。
「子供のころからツアコンになるのが夢だった」

五、六年前ぐらいから老舗旅行会社が潰れたり、大手旅行会社が統合されたり、旅行業界は厳しい状況に置かれています。

でも、「ツアコン（ツアーコンダクターのこと）」は、会社のお金で旅行ができる趣味と実益を兼ねた職業として、私は小さいころから憧れていました。英語も好きで、自慢じゃないけど、高校一年で英検二級に合格。大学時代には「ツアコンを養成する専門学校」にも通い、猛勉強をしました。業界が厳しくても、僕には関係ないと思っていましたから、入社当初は相当生意気だったと思いますね。

でも、振り返ればあの事件のおかげで、謙虚になりました。自分で言うのはおこがましいとは思いますが——。

目の前のお客の名前が名簿に見当たらない。さて、どうする？

僕はY大手旅行代理店に入社して四年。今は団体旅行営業を担当しています。あのトラブルが私を襲ったのは、ちょうど一年前に初めて国内パッケージ旅行の添乗員として、一人で出張に出たときのことです。この業界では三年目といえばまだ新人なのです。その後、この経験が私が勤める支店のみならず、本社も含め全国の支店にも、事細かく知れ渡った、ちょっとした「事件」となることなど、思いもよりませんでした。

それは、『嵯峨野、鞍馬しっとり二泊三日京都ツアー』というコースでした。その運命の日は、お盆休みの真っ只中、朝早くから空は青く晴れわたり、うだるような暑い日でした。

集合時間は午前七時。私は、規則通り一時間前の六時から、ツアー名の入った旗を高く掲げ、集合地の東京駅八重洲口でツアー参加者のお客をお待ちしていました。初めてということもあって、私はウキウキ、ドキドキの妙な興奮状態で、まるで初出勤のときのようでした。実は前夜はこの日に備えて、一〇時には眠りについたのです。

やがて改札口の方から、麻のサマージャケット姿で、いかにもフルムーンといった雰囲気をかもしだした初老の男性とその奥さんが、それぞれボストンバッグを持ってこちらへ歩いて来ました。

私は大きな声で明るく、

「おはようございます」

と、声をかけました。

二人は、にこやかに旗を指差して、

「このツアーに参加した今村です。よろしくお願いします」

「ご参加ありがとうございます。こちらこそ、よろしくお願いします。今村さまですね。今、名簿をチェックします」

私は、ショルダーバッグからツアー参加者名簿を取り出し、今村さんの名前を探しました。名簿には、参加者のフルネームと取り扱い支店名だけが書いてあります。今回のツアーの参加者は三六人。各支店からの参加申込者なので、ほとんどが、顔を見たことのない私の知らない人たちなのです。名簿を上から下まで何回も見ました。しかし、今村という名前がないのです。私は体がカーと熱くなるのを感じました。

……いきなりトラブルか。しかし、ここは冷静に対処しなければなりません。

「あれ、すいません。イ・マ・ム・ラ様ですね。ちょっとお名前が見当たらないのですが、確かに『嵯峨野、鞍馬しっとり二泊三日京都ツアー』ですね。参加チケットはお持ちでしょうか。見せていただけますか」

今村さんは、まだニコニコしながら、ジャケットの内ポケットからチケットを取り出し、私に渡しました。

私はチケットを手にとり、開きました。そこには確かに、『嵯峨野、鞍馬しっとり二泊三日京都ツアー』と打ち込んであります。

「お名前は、ええと、今村茂樹様と今村克子様ですね。お申し込みになった支店は池袋支店ですね」

「そうですよ」

私はチケットを今村さんに返して、もう一度名簿を一行一行しっかりチェックしました。何回見ても、「今村」の名前はありません。この時間では支店も開いていないので、電話して確認を取ることはできません。名簿の中には、池袋支店扱いで「吉村様」ご夫妻というのがあります。

(よかった。たぶんこれだな。打ち間違えかな)

「わかりました。申しわけありません。たぶん名簿の打ち込み間違えのようです。では、出発までお待ちください」

と、二人を安心させると、次に来るお客を待ちました。

ツアー参加者は次から次へと来ます。それぞれ確認もスムーズにいき、すべてが順調です。出発時間の七時五分前に、予想外にも初老の夫婦が現れ、

「あのう、『嵯峨野、鞍馬しっとり二泊三日京都ツアー』ですか」

と、遠慮がちに尋ねてきます。

「はい、そうです。おはようございます。ツアー参加者の方ですね。お名前をいただけますか」

「吉村茂男と吉村敦子です」

「はい。……あっ、吉村……」

私の体中の血液が、ものすごい勢いで流れ出し、心臓の鼓動が激しく非常警報を打ち鳴らします。

（やばい！）

動揺を隠すために、目を名簿に向けたまま冷静を装って、

「ヨシムラさまですね。……チケットを拝見させてください」

奥様のほうが、ハンドバッグからチケットを取り出して私に、「はい」と渡してくれました。私はチケットが入った袋を開き、見たくないものを覗《のぞ》き見るように、少し細目になって確認しました。そこには、はっきりと『嵯峨野、鞍馬しっとり二泊三日京都ツア

ー　吉村様』と打ち込んでありました。

「ヨシムラ様。はい、ありがとうございます。もう少々、こちらでお待ちください」

（どうしようか。本物がきちゃったよ）

会社のオンラインシステムは、とてもしっかりしたものです。ミスは考えられません。おそらく、ツアーをとりまとめている本社スタッフの人為的ミスが起きたようです。私は、携帯電話で支店の上司に電話してみました。

『おかけになった電話は、電波が届かないところにおられるか……』

と、携帯からは冷たい機械的な声でメッセージが流れました。まだ寝ているのか、あるいは通勤途中で電車の中なのか、どちらにしても携帯電話はつながりません。ほかの同僚にも連絡してみましたが、だめでした。

まずは、窓口に頼み込んで二人分の新幹線のチケットを手に入れる

二人分の新幹線の切符がありません。人数分の指定席切符は持っているのですが、名簿から漏れてしまった今村さんの分はありません。貴重な夏休みを使って楽しみにしていた旅行です。私の体の中では、激しく鼓動の警報が鳴り響きました。今度は、プロのツアコンとしてのプライドを呼び起こしたのです。私は自分で判断して何としても、全

員を旅に連れて行くことにしました。そうなると、すでに心配しはじめているお客に、これ以上の心配をかけるわけにはいきません。テキパキ動かなければなりません。ところが、頭の中はパニックで、外は暑いのに汗が引いたり、汗が噴出したりと、もうメチャクチャでした。

（とにかくがんばろう。よっしゃあ！）

自分に喝をいれました。今村さんに、

「本社のほうでミスがあったようです。申しわけありません。せっかくの夏休みですので、何とか旅行に行けるようにいたします」

「ったく。なんとかしてよ」

文句が出るのは当然です。

トラブルに気づいて不安そうな顔のツアー参加者をみどりの窓口の外に待たせ、今村さんの分の切符を買うことにしました。しかし、今はお盆休み。席なんかあるはずもありません。出札口には、帰省客や旅行客で長蛇の列です。

そんな旅行客たちが、私を不快そうに見つめる中、窓口の横から、駅員に、

「○○旅行社のものですが、『オバケ』が出ちゃったんです。同じ行程で何とかなりませんか」

『オバケ』とは旅行業界の隠語でオーバーブッキングのことを意味します。

駅員は、困った顔をして、

「無理だろうな。ちょっと待ってて、上司と相談してくる」

と、奥の方へ行って、しばらくして上司といっしょに戻ってきました。上司の方が、

「まあしょうがないな、オタクには世話になってるしね。そのかわりグリーンになっちゃうよ」

「もちろん、構いません。それでお願いします」

こうなればグリーン車の差額料金なんてケチなことは、言ってられません。

いわゆる『国会議員様用お取り置きの席』なのでしょう。私は、頭を深々と下げてお礼をし、発券してもらいました。もちろん、切符代は現金で払いました。

さて、お待たせしている参加者のところに戻ると、今村さんが、ほかの参加者に、自分のチケットを見せながら、講釈をしていました。お客は「なるほど、なるほど……そりゃいけませんな」という感じで聞いています。

(こりゃまいったな……)

とにかく出発です。今村さんご夫妻はグリーン車、ほかのお客は指定席。私は両方の車両に行ったり来たりで、世話をしなければなりません。まず、旅行行程に指定してあ

る料理屋さんと宿の手配です。明日は嵯峨野で「トロッコ列車と川下り」に参加する予定も入っています。これもお盆時なので予約が必要です。昼食をとる貴船の川床の湯豆腐屋さんへデッキから電話をして、「空いていない」というところを、頼み込んで無理やり入れてもらいました。あまりよい席ではなさそうですが、仕方ありません。

問題は宿です。鞍馬温泉の歴史ある典型的な日本旅館です。電話をしてみました。

「……H旅行はんには、ほんまにお世話になっておりますが、さすがに今日はあきまへんなあ……」

つれない返事です。いつもは心地よい京都弁も、今日ばかりは耳障りです。

（こりゃまいったな）

列車は浜名湖を通過し、時計は、待ち遠しかった会社が開く時刻、九時を回りました。さっそく私が勤める支店に電話をし、課長に事情を話し、あとの手配を依頼しました。

「まかせておけ」

頼もしい返事です。少しホッとして私の体かの中から急に力が抜けていきました。グリーン席の今村さんご夫妻のところに行き、状況を説明したところ、

「ふーん」

と、どちらともつかない返事です。内心はまだ怒っているようでした。

名前は「彼岸花」と美しくても、実際はあばら屋旅館

京都に着き、昼のコースを順調にすませ、夕方、本来のコース指定の旅館に到着しました。その間に支店のスタッフは、近辺の旅館を探して、今村さんご夫妻の宿泊予約を取ってくれたおかげで、旅館には、今村さんが泊まる旅館の名前、住所が書かれたＦＡＸが届いていました。

今村さん以外の参加者を部屋に入れたところで、私は会社に電話を入れて再確認し、ご夫妻とともにタクシーで指定の旅館に向かいました。名前が「旅荘・彼岸花」というだけで、何もまったくわかりません。

でも、それは一〇分ほどでわかりました。タクシーが近づいていくと、普通の民家としか思えない建物の玄関に「彼岸花」という小さな看板がありました。はっきり言ってボロボロのあばら屋。私の心臓が再び高鳴りました。

タクシーがその旅荘の前で停まると、今村さんが、

「ほお、風情のあるいい旅館ですな」

もちろんイヤミです。とりあえず二階の部屋に通してもらいました。今村夫妻は、口は真一文字で両眉毛がくっついた鬼のような形相になっています。そして、小さく、

「ふざけるな」と言いました。

僕は、「いやいや、『窓からの風景はなかなかのものですよ』とこちらのご主人が申しておりましたよ。ご覧ください」と言って、ガラッと窓を開けました。

するとそこには、下からブリキの煙突がヌッと立ち、窓からの風景を塞《ふさ》いでいました。明らかに、それは一階のトイレから伸びた排気煙突です。その向こうに見える風景もコンビニエンスストアのネオンと農家が見えるだけでした。私はめまいがし、一瞬、目を閉じました。しかし、次の瞬間、目をあけると、そこにはさっきまで座っていたはずのご主人がガニ股で立っていました。

「ふざけるのもいいかげんにしろ！　何を考えてんだぁ」

今村さんが大きな声で怒鳴ったのです。ついに怒りを露わにしたのです。その雄《お》たけびは、壁に飾ってあった絵の額が、ガタッと落ちるほどでした。僕は慌てて窓を閉め、

「ほかの宿を探してみますので、今しばらくこちらでお待ちください」

と言って、部屋を出ると旅館の主人に、

「ビールかウイスキーに、何か美味しいものをつけて出してやってください」

とお願いし、財布の中から母親へのみやげを買うつもりで用意した一万円札を渡しました。　もちろん宿泊代とは別のものです。

そして、本隊がいる旅館へ向かいました。今度はこちらの世話です。こちらからもクレームが出てはかないません。食事の世話や明日のスケジュールの確認です。

「ほかの旅館はありませんか」と会社にも電話をしましたが、

「すべて当たったけど、そこだけだ。何とか謝り倒すかして説得しろ」

と厳しいお言葉です。

この旅館の主人にも「同業者でどこか知らないか」と聞きましたが、「この時期では無理」との返事です。

一時間ほどで再び「旅荘・彼岸花」に戻りました。もう外もうす暗くなり、七時半くらいになっていました。部屋に入ると、今村夫妻は、テーブルの上の食事にはまったく手をつけておらず、テレビで野球中継を見ながら、寝転んでいました。

「お待たせしました」

「どうだった」

「すいません。この時期ですので、どこもありませんでした。本当に申しわけありません」

「じゃあさぁ、私はかあさんとこれから帰るからさぁ、電車の手配をしてくれよ。それと、この誓約書に署名しろ」

と、一枚の紙を取り出し、テーブルの上に置きました。そこには、「賠償金として三〇万円払うこと」と書いてありました。もちろんそんなものにサインはできません。論外です。また、お客に「帰る」と言われて「はい、どうぞ」とは立場上は言えません。ツアコンが、お客を帰してしまってはプロ失格です。何があっても断じて帰してはならないのです。意地でも帰しません。まだ、東京に新幹線で帰ることのできる時間だったのですが、

「そういう書類は社長の決裁を取らなくてはいけませんし、列車のほうも、もう時間が時間ですし、明日は気持ちのよい旅をしていただきますので、ここはひとつ……」

「じゃあさ、ここにおたくの社長を呼んで謝らせろよ」

「いや。それはご勘弁を」

「呼べったら、呼べよ」

激しく怒鳴られました。

「何とか、今晩だけ我慢してください。お願いします」

僕は、畳の上ですが、土下座をしているような状態です。

「わかった。じゃあ支店長でいいや。呼んで来い。それならできるだろ」

「ここは何とか…。明日はお楽しみのトロッコ列車もありますし」

トロッコ列車なんかで納得するはずがありません。とりあえず再び頭を畳にすりつけました。ところが二分ほどすると、

「お前も大変だなあ。明日はちゃんとしろよ。今日のところは勘弁してやる」

今村さんは何があったのか、コロッと気が変わったようです。まさかトロッコに乗れるせい？　トロッコ電車がそんなに面白いのかな。そう思ってふとテレビの野球中継を見ると、ジャイアンツの高橋選手が逆転ホームランを打っていましたが……。

「ご夫婦と相部屋でもいい」と、ありがたい申し出を受ける

八時すぎくらいに、私は再びみんなが泊まっている旅館に戻りました。ツアー参加客の部屋をひと部屋ひと部屋まわって、混乱の謝罪とご機嫌うかがいをしました。その中に中年の姉妹がいました。妹さんと見られる人が、

「あなたも大変ね。新人でしょ。いい勉強になったわね」

「ほんとにとんでもないミスで、みなさんにもご迷惑をおかけして申しわけありません」

今度はお姉さんのほうが、

「いいのよ。そうね、もしよかったら、今村さんって言いましたかしら、私、去年まで

老人ホームでヘルパーの仕事をしていたの。お年寄りの気持ちがわかるから、気の毒になって……。だから、ご一緒してもいいわよ」

「え？」

「ここで相部屋してもらってもいいのよ、ねえ、裕美ちゃん」

妹さんが、

「もちろんいいわよ。旅は何とかって言うじゃない」

私は、その優しさに「旅は靴擦れ」というおっさんギャグがあったなぁと、こんなトラブルの中で思い出していました。

「ありがとうございます。助かります。今村様ご夫妻も、喜ばれると思います」

私は、またまたこの姉妹にも土下座をしたのです。

この後、まず旅館に了解をとりました。内容は多少違ってしまいますが二人分の食事とふとんも用意できることを確認しました。そして「旅荘・彼岸花」に向かい、このことを今村夫妻に伝えると即座に、

「もちろん無条件にＯＫだよ。すぐ移動しよう」と決まったのです。今村夫妻は、姉妹と合流し、その夜は和気あいあいと午後一一時ごろまでお酒を飲んでいたようです。

二日目の朝、出発時間は九時ですが、五分ほど出発をお待ちいただき、会社に電話を

してみると、「昼間の行程は大丈夫だが、泊まりはまだとれていない」のこと。

まいったなと、とぼとぼとロビーのツアー客のほうへ歩いて行きました。今村夫妻と姉妹の四人が、かなり仲良くなったようで、向かい合ったソファに腰掛け、はしゃぐように話していました。

「お待たせいたしました」

と、力なく声をかけると、

「ガイドさん。お願いがあるんだけど……」

お茶目な目をして、お姉さんが私を見つめました。

「はい。何でしょうか」

「私たち、今日の泊まりも一緒の部屋がいいんだけど、いいかしら」

今村さんのご主人も、

「私たちも、お二人と一緒がいいんだがね」

「よろしいんですか」

すると妹さんが、

「どうせ、今村さんの部屋、取れてないんでしょ」

「すみません。当たりです」

こうやって二日目も、今村夫妻と姉妹の四人で同じ部屋に泊まることになったのでした。

昼間の行程も極めて順調に運び、泊まりもトラブルひとつなく、すませることができました。

逆転ホームラン？　ツアー参加者から三万円のご祝儀をもらう

さて、帰りの新幹線でまた、ちょっとした事件がおきました。今村さんのご主人が、帽子を手に持って、車内の同じツアー客の間を、何か話しながらまわっていたのです。やがて私のところにやってきて、

「いろいろとご苦労さんだったね。君はよくやってくれたよ。ほんとによいツアコンだよ。ありがとう。これ受け取って！　ご祝儀だ」

と言って、帽子を差し出しました。帽子の中には、一〇〇〇円札やら一〇〇円玉がいっぱい入っていました。後で数えてみたら、三万円くらいありました。私は体面もありますから、目に涙があふれ出そうになるのをこらえて、

「これは受け取れません。こんなことをしてもらってはいけません。支店長に怒られます」

「いいんだよ。黙って受け取りなさい。上司には言わなきゃいいんだよ。ほら」

「ありがとうございます」

深々と頭を下げ、ほかのツアー客にも
「ありがとうございます。ご迷惑をおかけいたしました」

とお礼を言いました。

ほかの乗客もいたのですが、そんなことは構わず、私に向かってみんなで拍手してくれました。


東京駅のホームには、今村さんが予約した支店の支店長と、私の上司である支店長が出迎えてくれました。車両から出てきた今村さんをはじめツアー客に、みんな平謝りの状態です。しかし、お客全員がニコニコしているのを見て、支店長たちはキョトンとして私に、

「どうなってるんだ」

「いろいろあったんです」

としか、返事のしようがありませんでした。

このトラブルの原因は、今村さんが最初に申し込んだツアーが最少参加人数に達せず、

キャンセルとなり、その後いったん普通の個人ツアーとして組んだものの、それもうまく取れず、最終的にこのツアーに申し込んだ次第だったのです。そんなゴタゴタの中でこのミスになったようです。

私の会社では、「旅行中のトラブルは、解散地点までに解決すること」というのが原則となっています。「自分のお客様は自分で対処せよ」ということなのです。

私の場合、ちょっとラッキーだったのかもしれません。

教訓1　相手と目線を合わせる

トラブルは、くよくよしていても解決しません。まずは、傷口を広げないこと。じっとしていては、物事は好転しません。問題を悪化させないために、即、行動することです。ただし、お客のニーズをきちんと知ったうえで、それに沿うのが大前提です。

ですから、行動に移す前には必ず、「このように対処させていただきたいと存じますが、よろしいですか」と、了解してもらえるようにします。相手と目線を合わせることに注意すれば、傷口は最小限で抑えられます。

教訓2　言葉のご馳走で人の心を軟化させる

次に、「申しわけない」と思っている心のうちを、相手にきちんと伝える努力を惜しまないことです。当初、今村夫婦だけがほかの旅行者たちと違う宿に泊まることになった時点で、「こちらにお泊りになっていただくことになり、申しわけございません。私もご一緒させていただきたいと思っております。心苦しいのですが、ほかのお客様のお世話がございますので、大変、申しわけございませんが、皆さまとご一緒させていただきます。携帯電話の番号をお知らせいたしますので、用事があるときは、いつでもご連絡をいれてください」と、伝えるようにします。電話番号も相手にメモしてもらうのではなくて、書いて手渡しするように。

教訓3　相手の言い分を認めながらも、解決策を探す

クレーム客は怒っているのですから、受け手側の感情を逆なでするような言葉を吐くかもしれません。このようなときには、カッとしないことです。そのために、思ったことを口にする前にひと呼吸してから、自分の気持ちを伝えるようにします。

また、お客の怒りを沈静化していくには、相手の言ったことを否定しないことです。「そうおっしゃいますが……」は禁句です。すべてを受け入れたうえで、状況のなかでできることを提案します。

今村さんは「社長や支店長を呼べ。すぐに謝ってほしい」と要求していますが、応じられる内容ではありませんでした。でも、今村さんの本音なのですから、旅行期間中に、京都支店のスタッフに足を運んでもらい、お詫びをしてもらうということもできたはずです。このようなクレームを処理するには効果的です。これを行うためには、普段から本社や支社とのつながりを密にしておかなければなりません。

大型スーパー

「虫が入っていたパン」を購入した被害者なのに万引き客と同じ扱いをされたと激怒！

田代　裕二　33歳【食品売り場　マネージャー】
新卒として入社してから10年。食品売り場一筋。
「マネージャーとは、お詫び係だと痛感するこのごろ」

あんないまわしい事件が起こるとは——。それも師走を迎える一二月の第四金曜日の夜七時ごろ、年末商戦を迎えて、その準備に猫の手も借りたい状況だったときにです。

「マネージャー、クレームのお客様が店頭でお待ちです」

レジから私を指名した電話が入りました。

「はい。いますぐ、行きます。お客様には、その場でお待ちいただくようにしてください」

あえて明るい声で答えながら、レジに指示を出しました。

(うそだろう、まったくこの一番忙しいときに何の問題を起こしているんだよ)。

この時期は歳暮とクリスマス、暮れの商品の入れ替えと作業がいくつも重なり、スーパーの仕事は目が回るほどの忙しさです。商品も多くなりますから、レイアウトもよく考えなければなりません。それがうまくいかないと即、売り上げに跳ね返って来てしまうのです。細かな作業に追われ、この数週間ほどは、連日閉店後の一〇時をすぎてからの帰宅は当たり前。その日も、朝、家を出るときに、戸締りをして先に寝ているように、家族に言い残して出てきたところでした。

　朝から開店に向け社員やヘルパーに品出し、値札づけなど地味な作業の指示を出し、自らも率先して作業に加わり、一日中バックルームと店頭を駆け回っていました。レジからの電話が入ったときは、土日に行われる、九時開店「早朝セール」の品出しの打ち合わせの真っ最中。売り場担当者に檄《げき》を飛ばしていたところでした。

「それは米虫だから害はない」と奥さんの気持ちを逆なでした

　店は年の瀬をひかえたというだけで、気分がせわしなくなるのか、仕事帰りに足早に買い物をするお客で混雑しています。八台すべてのレジに応援が入って、どこも一〇名ほど並んだ列を必死にさばいていました。

　七番レジの山田さんが私に気づき、荷物を袋に入れるために使う台を静かに指差してくれました。「ありがとう」と目で挨拶をして、お客が待っている方へ向かいました。そこもレジをすませた品物をビニール袋につめる人たちでいっぱいです。そのなかにクレーム客ではないかと思われる人が、きょろきょろと辺りを見回しながら、人待ち顔をされていました。

「お待たせいたしました。私は食品マネージャーの……」

「ねっ、見てよ。このパン！」

いきなりお客からのクレームです。J社の食パンです。食品のクレームは、扱いがむずかしいのです。周りにいらぬ心配をかける可能性も出てきます。相手は怒りでイライラしていますから、声も大きくなりがちです。

（ここで話を聞くわけにはいかないな。まいったぁ）。

「お客様、申しわけございませんが、くわしくお話をお伺いしたいので、こちらにお越しくださいませんか」

私は、受付までお客といっしょにすみやかに移動することを思いつきました。受付は正面玄関を出て、駐輪場の脇をとおって、一度、表通りに出てからでないと入れません。

「えっ？　どこにいくの。私、急いでいるのよ」

「すぐそこです」

と、すばやく応じました。というのも、周りの人が私たちのただならぬやりとりに気づきはじめたからです。私は焦りはじめました。

「あら、そこに従業員入口って書いてあるじゃない」

私にいじわるをするように、わざとゆっくりと、周りを見回しながら話すのでした。

「はあ、あちらが受付となっておりますので、そこでお聞かせ願います」

どうにか目的地まで相手を誘導しようと、知恵を働かせたおかげで、お客の移動に成功しました。ところが、タイミングの悪いことに、七時で上がった従業員がタイムカードを打って出て行く波に当たってしまいました。若い女性社員たちが仕事を終えた開放感で、キャッキャキャッと笑い声を立てながら、受付のガードマンに挨拶をしては、夜の町へと出て行きます。

「ちょっとぉ。さっきから見てってていったでしょうが。ちゃんと見てくれてるの！」

「はい、この食パンがどうかした……あ、虫ですね」

虫のところだけをわざと小さな声でいった私が気にいらなかったのか、

「信じられる？　食パンにこんな黒～い虫が入っているのよ。一匹しか見えないけど、中にうじゃうじゃいたら……ううう気持ち悪い。とても開けられたもんじゃないわ」

「申しわけありません」

私はお詫びのために深く頭を下げながらも、(これってJメーカーが悪いんだよ。こっちが文句を言いたいね）。心では年中、額に汗をかきかき営業にやってくる小太りの営業担当の顔を思い浮かべながら、そうつぶやいていましたが、まさか相手には言えません。「申しわけございません」を連発しながら、頭を下げていると、「食パンに黒い虫が」の言葉が、近くにいた年配のガードマンたちの興味を引いたのです。

　すると、お客は今までの中でもっとも大きな声で話しはじめました。

「ねっ、これを見てちょうだいよ。わかる？　これ、これよ、虫が動いているでしょ。うぁあ、気持ちが悪い。どう考えても許せない」

「いやー、これ米虫だわ。昔はお米とかにね、いたもんやなぁー。なんか久々に見たって感じやね」

と、関西訛《なまり》のあるガードマン。

「いやだわ！　私こんな虫は、初めてみたのよ！」

するともう一人のガードマンが、

「大丈夫だよ、奥さん、この虫は昔っから害はないから」

と、追い打ちをかけてきました。

「何を言ってるのよ。時代が違うでしょ。食パンに虫が入っていて、大丈夫なんていうほうがおかしいでしょうに」

ここに連れてきたのが間違いだったのかもしれません。社員やパートにはクレーム対応の教育はしていますが、まさかガードマンが足を引っぱるとは……。

（おまえらのその態度は何だよ！）。私は心の中で叫びました。

「いや、申しわけございません」

私は、お客にさきほどよりも、もっともっと深いおじぎをすると、両者の間に割って入り、ガードマンを制しました。ガードマンたちに話を持っていかれると、どんどん悪い方向に向かっていく気配だったのです。

「お客様、誠に恐縮でございますが、ご返金させていただきます。どうぞこちらへ」

相手は憮然とした顔で、ガードマンたちを睨《にら》みつけていたので、早々に受付から中を通って、再びレジまで移動しました。

「また、どっかに行かなきゃならないの！　もう、なんとかしてくれない？　前からサービスはよくないとは思っていたけどねぇ、私をあっちこっちと引っ張りまわすなんて、ひどすぎる。とにかく早くしてほしいんだけどねぇ。子供に留守番させて、さっと来たんだから。あんた、聞いているの！」

「はあ、申しわけございません。レジまでお越しいただかないと、ご返金ができかねますので……」

「やっぱりおたくの店って、ひどいわよ。たかが食パン一斤のことで、こんなに時間がかかるんだから。お金で解決するんだったら、はじめからそれを言ってよ。とにかく早くお金返してよ」

「は、はい、もうレジはすぐそこでございますので……」

私はすべての処理が完了した後に、背筋を伸ばして、

「誠に申しわけございませんでした」

と、深く頭を下げましたが、この女性はくるりと体の向きを変えると、黙ったまま、急いで出口から出て行きました。

こうして米虫の一件は、終わったはずだったのですが……。

要望通りにパン代は返金したのに、本部にクレーム電話が入る

翌土曜日の昼すぎのことです。店内アナウンスで私の呼び出しがありました。バックルームに行くと、統括マネージャー（TM）の佐々木さんが、電話をしているところでした。電話を終えると、

「うちの店のクレームが本部にいってね。私が事情を説明することになった。クレームは一階の食品に関してだから、田代君、君が担当した件だ」

クレームは毎日のように上がってくるので、どの件についてなのか、すぐにはピンときません。私が黙っているのに苛立った統括マネージャーは、機嫌が悪そうに、

「昨日のクレームだ。メーカーの食パンに虫が入っていただろう。対応が悪かったと本部に電話をかけてきたらしい」

（やっぱり、昨日の件か。最後まであの女性は、憮然としていたもんな……）。

「申しわけありませんでした」

相手が違うとはいえ、今日も私は謝っています。マネージャーといえば聞こえはいいのですが、実は私の仕事は、お詫び係なのかもしれません。まあ、それはいいとしても、私は、統括マネージャーに手短に昨日の米虫の一件について、報告しました。お客が来

店したのが七時ごろで、こちらも手が足りない時間帯で……などと言いわけも付け加えましたが。

「このところ、本部に上がるクレームが何件かあって、お叱りを受けたところだ。田代マネージャーもその辺は、しっかりやってくれなきゃ困るよ」

少し私に同情してくれたのか、優しいトーンで話しかけてくれたのです。

「は、はい、申しわけありません。本部へ私から事情を説明します。どなたあてにご連絡すればよいでしょうか」

「山下さんだ」

「はい、すぐにお電話します」

「それから、今日の九時からマネージャー会議をやるからな。本部の方から、早急に善後策を立てて報告するように言われたんだ。店長にも対策を報告することになる」

「はい、わかりました」

私は、すぐに本部の山下さんに電話を入れました。

「私、G店食品マネージャーの田代です。このたびは、申しわけありませんでした」

受話器の向こうの山下さんは、いきなりこう切り出しました。

「お客様は、消費者センターに苦情の電話を入れるところだったとおっしゃっていました。水際でこちらも食い止めましたが、これは大きな問題です。話の論点は、こうです。まず一番問題にされたのが、話を聞いた場所。お客様は『万引き犯』のような扱いを受けたと言ってご立腹でした」

「ま、万引き犯ですかー!?」

「そうです。真っ暗な道をずいぶんと歩かされ、受付横の狭い部屋に連れて行かれた。薄暗く、横を従業員が次々と通ったと言っています。自分のことを万引き犯だと興味津々で話しているようにお感じになったそうです」

「あ、それは……」

私が事情を説明しようとすると、畳みかけるように山下さんが話してきます。

「次の問題は、G店の食品に対する考え方です。食パンに虫が入っていても、当たり前のような感覚で、大丈夫だと言われたと主張されています」

「わ、私は、食品担当ですよ。そ、そんなこと……言いませんよぉ。あ、ガードマンが……」

「お客様はご主人と相談されて、消費者センターに訴えるとおっしゃっていました。これは問題です。ちゃんと認識していただかないと困ります」

「も、申しわけありません」

「本部としても、G店のクレーム対応について、善後策を具体的に出していただくことになりました。佐々木統括マネージャーにも、お話してあります」

「わかりました。申しわけありませんでした」

トラブルは、忙しいときに怒とうのようにやってくるものだと、がっくりとしながら受話器をおろしたのでした。

丁寧に接したのに、万引き扱いをされたと怒るのはなぜ?

マネージャー会議は、午後九時を一〇分ほどすぎてはじまりました。佐々木統括マネージャーから、このところのクレーム処理について、本部から指摘された点がいくつか上がり、対象となった各フロアのマネージャーに、そのときの対応を報告してもらう形で進められました。私は、昼過ぎに本部の山下さんから指摘された大きな二つの問題点と、現場での対応を説明しました。

「実は私も本部から伺って大変驚いたのですが、お客様は万引き犯のような扱いをされたと思われたようです」

「田代君、お客様の腕をつかんだとか、引っ張っていったとかしたのかい?」

私は佐々木統括マネージャーから、こんな質問をされたことに、情けなくなりました。

「とんでもないです。問題になった食パンを私がお持ちして、レジ近くから受付に移動してお話を伺ったのです。食品クレームをおっしゃっているお客様でしたから、混雑した店頭では、お話を伺えなかったので……」

日用品担当の鈴木マネージャーが助け舟を出してくれました。

「私も、いつも受付にお連れしますね。でも、時間帯がまずかったのかも知れないな。今まで私は、その時間帯に当たったことがないのですが、七時すぎだとしたら、それは誤解されても、しかたがない厳しい時間ですね。早番の従業員が帰るときと重なるはずですから……」

応援の言葉を得て私は、状況を理解してもらうために、さらにつけ加えました。

「それは言えるかもしれません。受付前の通路は、帰宅の従業員でごった返していて、静かにお話を伺えるという状況ではありませんでした」

私の中にはそのときの状況が、まざまざと浮かんでいました。

「クレームは、落ち着いて聞かないとダメなんだぞ」

「はい、わかっております。私自身にはきちんとお伺いする気持ちはあったのですが、今考えるとお客様にとっては、落ち着いてお話できる環境ではありませんでした」

「そうだな、問題はクレームを伺う環境だな」

「じゃ、改善点はこれだ。クレーム対応の環境改善だ。これはまたあとで話し合おう。次の問題点は？　田代君！」

「次はG店の食品衛生に対するご指摘でした。しかしながら、これは店頭の問題ではありません。食品担当の私はもちろんですが、社員、ヘルパーも含めて、衛生に対する教育は徹底してやっております。たしかにメーカーの食パンに虫が混入していたことを品出しの時点で発見できなかった点はありますが、虫は生きていたので、品出しの時点で奥に入り込んでいたら、確認できません。私としては、店の対応を責めるより、まずは、メーカーへクレームを出していただきたいです」

「わかった。メーカーへは申し入れをする。しかし、お客様からは、店の者が虫が入っていても大丈夫と言った、と聞いているがね」

「は、はい。それは……。実は受付でお客様の苦情を聞いている際に、ガードマンが三名おりました。彼らは『食パンに虫が入っていた話』を横で聞いて興味を持ってしまったんです。彼らにすれば、懐かしいような話だったようで、実際お客様も、ガードマンに虫を見せていたんです」

「大丈夫と言ったのはガードマンか。彼らに口出しをさせてはだめだぞ」

「もちろんわかっています。ただ、お客様からすると、傍にいる人にも一緒になって『これはひどい』というような言葉をかけてもらいたいという期待があったのだと思います。お客様の方から、『これ、見てください』と言って、ガードマンを引き込んでしまったんです」

「なるほど……。ガードマンか。ガードマンにクレーム処理の対応教育をしたか？」

「あ、いや、していません」

　総務課長の長谷川さんが慌てて答えました。

「それは課長、手落ちだな。たとえガードマンといえども、G店の顔だぞ。場合によっては店頭にクレームを持ち込まず、ガードマンがいる受付に言いにくることだって、ないとはいえない」

「確かに……。気がつきませんでした。も、申しわけありません」

「いいか、問題を共有化してくれ。自分のところに来たお客様ではないから、関係ないと思うな。G店全体が、改善策を迫られているんだからな」

「はい！」と全員の声が揃いました。

「じゃ、そろそろ対策を考えよう。みんなから要望があれば、今出しておいてくれ」

「長谷川課長、今までガードマンに対する教育って、何かしてましたかね？」

「いや、外注なので……」

「外注でも、何でも、立場としては私たちの顔になってくれなきゃならないぞ」

再びマネージャーが釘《くぎ》を刺しました。

「わかりました。この件につきましては、早急にたたき台を作って、検討会議にかけます。よろしいでしょうか？」

「頼む。それじゃ、先ほど出たクレームのお客様への環境作りだが……」

「商品やクレームの内容によると思いますが、店頭でお聞きできないような場合、ガードマンのいる受付っていうのも、問題だと思います。今回、万引き犯という言葉まで出たんであれば、この際きちんと考えた方がいいのではないでしょうか」

鈴木マネージャーも明日はわが身という感じです。私も、また同じ目に会うのはこりごりだという思いもあるので、思い切って意見を出しました。

「佐々木統括マネージャー、マスター室をお客様をお通しできるように整理してもらえないでしょうか。当初、クレームのお客様対応にも使ってよいと許可はいただいたのですが、現実的には使えないのです」

「なぜだ？」

「名前がマスター室となっているので、打ち合わせに使ったり、始終従業員の出入りがあって、部屋も倉庫のようになってしまっています」

「部屋があるのにお客様をお通しできないのか。うちはお客様優先だぞ。なんとかしろ」

長谷川課長がここは、先ほどの汚名挽回で、話すべきだと察したのでしょう。

「佐々木統括マネージャー、G店では、マスター室をお客様相談室と認識させてはどうでしょう。名前を応接などと変えてもよいのではないでしょうか。実際本部では外に対しては、そういうふうに言っています。現在は社内の者の部屋という認識が強いので、実際、お客様のために部屋が使えない状況です。逆にお客様用の部屋だけれど、普段は社内でも使ってよろしいという認識に変えると、使い方も、優先順位も変わると思います」

この意見は採用され、会議は、午後一一時すぎに終わりました。たしかに疲れはしましたが、善後策が見つかって、会議に入る前よりずっと足取りが軽くなっていました。

一階のバックルームに戻ると、社員の川上さんが翌日のセールの準備を終えたところでした。

「川上君、まだいたのか。遅くまでご苦労だったね」

「あ、田代マネージャー、会議、お疲れさまでした。早朝セールの準備は、すべてすんでいます。明日も早いので、僕はお先に失礼します」

「ありがとう、助かったよ。明日が終わったら一杯おごらなきゃな」

　彼は何の指示も出していないのに、私の目線で仕事をしてくれていました。私が、マネージャーとしてお客を大切にすれば、きっと彼もまねてくれることでしょう。川上君の後ろ姿から、一つ大切なことを教えられたような気がしました。

この気配りが大事です！

教訓1　クレーマーの話を聞くときは、落ち着く場所を選ぶこと

お客のクレームが長引きそうだと感じたら、すぐに話をする場所を移動するのは基本です。特に周りが賑やかだったり、人の目があるときなどは、すみやかに落ち着く場所で相手の話を聞くようにします。

ただし、案内する場所が重要です。このケースではガードマンが常駐する社員通用口にある受付だったわけです。ここは周りからの目が少ないとはいえ、お客を案内するには不適切です。また、ダンボール箱がたくさん積んであるようなバックスペースなどもいけません。お客はぞんざいに扱われているような気持ちになります。

どうしても適切なスペースがないのであれば、社員食堂、事務室、応接室などに通すようにしましょう。気持ちを落ち着かせてもらうためには、お茶やジュースのサービスも行います。

もう一つ、気をつけたいことは、外野（このケースではガードマン）がいると、余計な口出しをされます。たとえば、事務室でお客の話を聞くときには、社員に席をはずしてもらう気遣いも重要です。

教訓2　虫の混入は厄介なクレーム。原因追及は早急に

「食品に虫が混入している」クレームは厄介です。工場の衛生面を問われることになるからです。すぐさま工場に連絡を入れ、お客からのクレーム内容をきちんと伝えるようにします。メーカーからもお客に、きちんと誠意を示してもらいましょう。スーパーの問題だけではないからです。

最近は、お客に納得してもらえるまで誠意を示さないと、ネット告発されることもあります。こうなると、クレームは「店対お客」の域を超えてしまい、あっという間に悪いうわさとして広がってしまいます。ひどい場合ですと、会社のイメージまで下げてしまい、商品が売れなくなり、倒産したということもあります。

ですから、お客に納得してもらえるまで、きちんと話し合いをしましょう。

第2章

「非はこちらに。」クレームの火種はまだ残っていた

思い込みの怖さに初めて気づく

コールセンター

「交換すれば問題が解決すると思ったら大間違い!」突然、怒り出した山の手婦人

小河　啓太　21歳　**【オペレーター】**
契約社員として働き始めて8カ月。仕事は性に合っている
「対面恐怖症を治したいと思っているものの現実は厳しい」

何で僕が「犬と猫の洋服や小物カタログ」の通信販売会社のコールセンターで、オペレーターをやっていると思いますか。それは高校生ぐらいのときから人と面と向かって話をするのが苦手だったから。

一般的には、人は僕のことを「対面恐怖症」と言います。ずいぶん前に自分の性格が暗いのに悩んで、先輩にこの話をしたら、「この業界で働く人は、君のようなタイプか、とにかく電話セールスをするのが大好きかのどちらかなんだ。大丈夫、俺もどちらかと言うと、人の顔を見ながら話をするのは苦手なほうだから、気持ちはわかるよ」と言われたことがあります。身近に僕のことをわかっている人がいただけで、うれしくなってきました。だから、この会社が好きなんだと思います。

でも、ないものねだりというのでしょうか。もし、僕がこんな性格じゃなかったら、ビシッと背広姿を決めて、企業を次々と訪問して契約を決めてくるような法人担当の保険の営業マンなんかは、やってみたかった仕事の一つ。高校時代の友達でバリバリの営業マンになった人がいますが、憧れますね。でも、僕はからっきしダメなんです。人の顔色を伺いながら話をするのは——。

たしかあのクレーム電話が入ったのは、ちょうどオフィスにある時計の針が、午後一時ちょうどを指したときだったと思います。うちの会社は三交替制をとっているのですが、この日、僕は出社したばかりでした。いつも通りに電話を受ける机の前に座ってまもなくだったと思いますから。

「はい、I社でございます」と、いつものように電話にでると、

「ちょっと。おたくさまはいったいどうなっていらっしゃるのかしら。わたくし、信じられないわ」

と、山の手風の話し方をする、年のころ五〇代の女性、金子さんから電話が入りました。言葉遣いは丁寧なようですが、その響きには悪意がみちみちていました。

相手に強く出られると気が弱い僕は、

「申しわけございません」と第一声から謝ってしまいました。

そして恐る恐る「何かございましたでしょうか」と、尋ねてみたのです。

「何かって？　あなたはお客様に対する口の利き方も教育されていないのかしら。だからこんなひどい商品をわたくしに売りつけられるのですわね。ああ、うちのかわいい『アイちゃん』が、かわいそうだわ」

「お客様、『アイちゃん』とおっしゃいますが……」

「私のかわいい家族、犬の『アイちゃん』ですわよ。あのねぇ、そちらさまのカタログの秋号で『アイちゃん』のお洋服を買ったんだけど、まだ二回しか着せていないのに穴があいたのよ。いったいそちら様はどのような縫製をしていらっしゃるのかしら」

事情を飲み込んだ僕は丁寧に、

「そうですか。誠に申しわけございません」と、すぐにお詫びしました。

「あなたね、ただ謝ればことがすむとでも、思っていらっしゃるの！　最近の人たちはみんなそう」

「申しわけございません」

また、口をついて出てしまいました。

「いやね、その声の感じだと言葉では謝っているけど、本当はそうは思っていないんですわよね。面倒だと思うと、なんでも謝っておしまいにしようとするのよね。わかるの

よ。わたくし、以前に読心術を勉強いたしましたの」

またまた「申しわけございません」と、謝りの言葉が出てしまいました。

「うちのかわいい、かわいい『アイちゃん』のために買ったのに、裏切られた気持ちでいっぱいだわ」

「申しわけ……ございません」

からんでくるような言い方に、再び謝りそうな感情を抑えました。でも、どうにか解決をしなければなりません。勇気を出して相手に、

「お客様、それでしたらすぐにでも、新しい商品と交換させていただきます」

と提案をしました。すると、思いもよらない返事がかえってきたのです。

「いま交換するっておっしゃったの！　あなたがたが販売したその商品自体に、問題がおわりになるんでしょ。それを同じものと交換してどうなさるおつもり？　まだ、声の感じからするとお若い感じよね。そうそう、なんかおたくの会社みたいなところには、マニュアルとかいうのがあって、お客様から尋ねられたことに関しては、その通りに答えればいいって教えられているんですって？　お友達のご主人から聞いたんですけど。だから私が電話を入れたら、すぐに交換しますって言ったのよね。そちらの魂胆はわかっているのよ。そうやって私から逃げようとしても、お見通しなのよ」

「申しわけございません。そんなことはございません」

また、つい、謝りの言葉が口をついて出てしまったのです。

「だいたいね。私の子供のような『アイちゃん』のためにと、吟味して注文したお洋服よ。それをあなたみたいに、『はい、穴があきました。それでは交換させていただきます』って簡単に口に出せるのが信じられないわ。もしかして、あなたは私のことをバカにしていらっしゃるんじゃないの？」

「申しわけございません」

「ほら、やっぱり。それが本心なんですわね。わたくしね。お金がほしくて申し上げているんじゃなくてよ。気持ちのことですのよ。き・も・ち」

「……」

「もしもし、もしもし、聞いていらっしゃるの？」

「は、はい」

「もうがっかりしたわ。とっても嫌な気分になったから、あとでかけなおすわ。あなたのお名前を言ってちょうだい。電話は同じ番号でよろしいのよね」

「は、はい。私、小河と申します。こちらの電話番号は、商品の注文をお受けするのに使用しておりますので、12△△―12××にお願い申し上げます」

　こういうのが精一杯でした。

「ガチャン！」

と、勢いよく電話は一方的に切られてしまいました。

「お客様のお気持ちをお察し申し上げます」が言えなかったことに気づく

　こんなときは、つらいものです。上司にクレームを報告しなければならないからです。そうでなくても、人と対面で話をするのが好きじゃないのに、嫌な報告をしなければならないのです。私は意を決して、木村マネージャーの席に向かいました。

「マネージャー……」

「なんだね、小河さん」

と、私の浮かない顔からクレームが発生したことを察知している様子でした。

そして愛犬のために洋服を購入したというお客からクレームが入ったことを説明したのでした。「あとでもう一度、電話をいれる」とひとこと残すと、一方的に電話を切られたことも報告しました。

「ふう～ん。そうだったのかね。で、小河さんはどうしたら解決できたと思うのかね」

「私ですか。………ですから、新しい商品とお取り替えすると申し上げたんです」

「でも、だめだったんだろう?」

「は、はい。だったら返金をいたしますと切り出せばよろしかったのでしょうか」

「違うと思うなぁ」

「………」

「うちの女房は猫派でな。シャム猫を飼っているんだけど、最近は私の飯を忘れても、猫の分だけはきちんと用意しているんだよ。わかるか?　自分の子供のようにかわいがっているんだよ。もう二人の子供も独立したから、二人暮らしで寂しいらしいんだな。母親としての愛情を今は、シャムの『キャナ』に託しているようなんだね」

「そ、そうなんですか」

私はマネージャーが何を伝えようとしているのか、さっぱりわかりませんでした。

「だからな。うちの場合もそうなんだが、動物を溺愛しているんだよ。そのお客様も同じだと思う。彼女たちが言われてうれしい言葉がわかるか？」

「えっ、かわいい犬ですね……ですか」

「そうかなぁ。『お客様のお気持ちをお察しいたします』なんだよ。相手の立場になって発言することだ。小河くんがお客様の立場になったらどうしてほしいかね？　自分の言い分を認めてほしいだろう。だから商品の交換の話をする前に、どれだけ相手が悲しかったり、くやしかったり、がっかりしているかを読み取って、相手の気持ちに沿うことだ。謝ることだけが能じゃない」

「はい」

「まあ、起こってしまったことはしかたない。それをどう改善するかが大事だ。それに同じことは二度と繰り返さないことだ。クレームは誰だって嫌いだからすぐに忘れたい。でも、すぐに忘れるのはいつだってできる。まずは、向き合うことなんだよ。さっき、お客様が『最近の人は謝ることで、すぐに問題を片づけようとする』って言ったそうじゃないか。私もそう思う。相手は自分の気持ちを察してもらい、いっしょに解決方法を考えてほしかったんじゃないのかなぁ。

どちらにしても、また、電話がきたときには、『お客様のお気持ちは察しております』と答えてみることだ。それでダメだったらそのときは私が処理するから気にせんでええ」

「申しわけございません……でした」

こっぴどく怒られると思ったのですが、まったくそんなことはありませんでした。

クレーム対応費用よりも、社員研修費のほうが安くつくという結論に

それから一週間後のことです。僕は珍しく木村マネージャーからお茶を誘われました。社員食堂でお茶を飲んでいると、

「来月、外部から講師を呼んで、電話応対の研修を行うことになった。オペレーターの一員として、小河さんも必ず研修を受けるように」と言われたのでした。よっぽどのことがない限り、全員出席とのことでした。

マネージャーがいうには、あのあと幹部会議があったそうです。そこで最近、クレームを受ける回数が昨年に比べて二〇%ほど増えていることが問題になったというのです。やっかいなのは、オペレーターが丁寧に謝って、返品・交換・返金の解決策を提案しても、相手がまったく納得してくれないケースが増えてきているとのこと。

商品やお金で解決ができないのなら、どうすればいいのか。それはお客の気持ちに沿える臨機応変な対処しかありません。これができれば、確実にクレームは減るという結論になったそうです。

役員からは、「外部から専門家を呼ぶのは経費がかかりすぎる」「クレームが発生したときのことを考えるよりも、発生しないような方法を考えることが大事なのでは？」と、さまざまな意見が出たというのでした。

しかし、両者の意見を冷静に聞いていた社長が、「一回の研修費用と一回のクレーム処理にかかる金額を考えれば、どちらが高くなると思うのか」と幹部たちに提案があり、それを検討した結果、研修代をけちる方が会社の将来にはマイナスになると判断したとか。満場一致で研修を開催することに決まったそうなのです。

ところで、私はあれからというもの、例の愛犬のために洋服を購入したという女性からの電話を待っています。でも、連絡は入りません。そうこうするうちに、一カ月がたっていたのです。

相手本位になれば、クレーム解決法は見えてくる

僕は仕事として電話で受け答えをする仕事をしているのに、いざ受講してみると無知・非常識・横柄と三拍子揃った行動や発言を、平気で行っていたときがあるのに気づ

きました。たぶん、この仕事についたときに、先輩から教えてもらったとは思うのですが、実務ではできていないことが結構あったのです。

たとえば、お互いの話が終わって電話を切るタイミングは、同時に行えばいいのだろうと思っていたのですが、それはまったくの勘ちがいだとわかりました。電話をかけてきたほうから切るようなのですが、あまり意識したことがないので、今までどうしていたのかわかりません。

一日の研修のまとめは、「電話で問い合わせがあった相手に道順を教える」という実務演習でした。コールセンターの場合、お客に来社してもらうことはありませんが、この説明方法を覚えると、電話での必要な知識や技術が身につくという理由でした。

お客になった講師が、

「今からそちらにお伺いしたいのですが、行き方を教えていただけますか」と電話をかけてきます。

僕はそれを受けて、「はい、お客様は歩きでいらっしゃいますか。それでしたら駅を背中にしてまっすぐ歩いていただいて……」という説明をしたのですが、あとから講師に駅から会社までの時間や目安になる建物などの説明に乏しく、「あれ」とか「それ」という無駄な言葉が多いと指摘され、改めて電話応対のむずかしさを知ったのです。

この研修で最も印象に残ったのは、「相手本位になって説明をしなければ、あなたの気持ちは通じませんよ」という言葉でした。これは一カ月前にマネージャーが僕に教えてくれたこととまったく同じでした。

きれいな言葉遣いで、滞りなく流暢に受け答えができる人が、電話上手だと思っていました。でも、研修でわかったのは、テクニックが大事なのではありません。

もし、今ならあのときの女性から電話があっても、今度は大丈夫。「申しわけございませんでした。『私も犬は大好きなので、お気持ちはお察しいたします』」と、相手の気持ちになって答えられる自信がつきました。短絡的に返品・交換などで解決しようなどとは、もう思っていません。

とはいえ、あれからもうずいぶんとたちます。あの女性は穴があいた犬の洋服はどうされたのでしょう。もう、うちのカタログでは買わないと決めて、交換はあきらめたのでしょうか。それで電話をしてこないのでしょうか。それとも許してくれたから、連絡をくれないのでしょうか。

もしかして、僕が上手に電話対応ができなかったために、一人の大事な顧客を失ってしまったのかもしれません。そう思うと胸の奥のほうが、チクチクとほんのちょっと痛みます。

この気配りが大事です！

教訓1　要望を確認しないうちに、解決策を提案するのはお客の気持ちを逆なでする

クレーム電話が入ったら、
①　まずは相手に謝る
②　クレームの内容を尋ねる
③　解決策を提示する
④　再度、不手際を詫びる

この順番はクレーム処理をするときの基本です。でも、どのクレームに対しても、この手法が通用すると思ったら大きな間違いです。この事例のように、購入した犬の洋服に穴があいていたら、考えられるのは交換か返品のどちらかでしょう。

でも、それを切り出すタイミングが重要です。このケースのように愛犬のためにせっかく買った洋服が、すぐに着られなくなり、がっかりしているのですから、その気持ちを察することが大事です。クレームは合理的に問題解決の方法を提示することが、万全策とは言えません。

相手の気持ちに沿うこと。つまり、相手がどんなに悔しく思っているのか、悲しいの

かなどを察することが必要です。「お気持ちをお察しいたします」「私も同じ経験をしたことがございます」と、相手と同じ視点から問題点を見つめてみましょう。

教訓2　電話での一本調子の受け答えは相手の怒りを倍加させる

相手が怒って電話をしてきているのに対して、「申しわけございません」と言葉では謝っていても、言い方が一本調子では詫びている気持ちは伝わりません。それどころか相手を小バカにしているようにも、聞こえてしまいます。

また、相手が大声を出しているからと、その迫力に負けて、消え入るような声で「申しわけございません」と言えば、ただただあなたが脅えているようにしか聞こえないでしょう。

クレーム客は、自分は悪くないのに、まるで自分が相手を追いつめているような気持ちになってきます。これも感心できません。

クレーム客から電話が入ったときこそ、お詫びをしたいという感情を移入して、言葉には抑揚をつけるようにします。また、受話器の感度がよくなってきているとはいえ、口の開閉はしっかりしないと、あなたが何を言いたいのかも伝わりません。

相手の気持ちを一〇〇％受け止めるためには、お腹の底から声を出すようにしましょう。

教訓3　電話では相手にわかりやすい言葉を使う。専門用語・業界用語は避ける

苦情があって電話をかけてきた相手に対しては、業界用語や専門用語を使って答えないことです。あなたの説明に、「はい、わかりました」「そうしてください」と納得してくれたようでも、うまく言い含められたと思っているかもしれません。

これでは相手の気持ちのなかに、わだかまりが残りますから、問題解決したとは言えません。特に年配者や主婦に、専門用語や業界用語を使うと、本当は言いたいことがあっても、黙ってしまうからです。

クレーム電話では相手の視線に立って話を聞き、答えていくのが基本です。

また、「あちら」「そちら」という曖昧な言葉を使わないことです。さらに、クレーム客には、「○○様、○△でよろしいでしょうか」と、やりとりの中で上手に相手の名前を口にするようにします。

こうやって一歩一歩、相手に近づく努力が誠意として伝わっていきます。

広告代理店

フルーツタルトに髪の毛が入っていたのは下請け会社の責任
担当部長のアドバイスを真に受けたばっかりに……

平田　悟　30歳　【元クリエーター】
大学中退後、テレビ局のアルバイトを経験。広告代理店に中途採用枠で入社。「印刷所勤務になったのは、クライアントにはめられたから」

大きなイベント会場のあちらこちらで、

「どうぞ、お召し上がりください」

「ごゆっくり、ご覧ください」

と、超ミニスカートやワンピースのかわいいユニフォームを着たコンパニオンたちが、お客に声をかけたり、トレーにのせた食品を配っていました。

ここは、東京ビッグサイト。年一回開催される食品関係の展示会でのことでした。

当時、僕は、紙媒体を主体とした中堅広告代理店のプランニング室に所属している入社して八年になるクリエーターでした。わが社の大事なクライアントである大手食品会社系の総合物流会社『日の丸印物流』からの依頼で、パンフレットなどの制作とともに展示会ブースの制作管理を担当していました。

　ブースでは、主にこの会社が独自で開発した業務用の冷凍食品を紹介していました。四日間の開催期間中、僕はブースに張りついて、わが社の営業担当者とともにクライアントの世話をしたり、実際に運営、演出する下請けの制作会社を管理していたのでした。

　僕はこういった制作会社やコンパニオンを厳しく管理するのが上手いと、もっぱら社内やクライアントから評判がよかったのです。いつも僕が担当するブースには、ほどよい緊張感があったからでしょう。

　会場には、所狭しと食品関連会社のブースがひしめいていました。その中を小売業者を中心とした来場客が、「商売にいいものは何かないか」と興味津々に、各ブースを覗《のぞ》き歩いていました。上を見上げればブランド名の大きな切り文字看板、屋内なのにアドバルーン、昼間なのに照明がギラギラするなど、さまざまな装飾物が賑わいを演出してくれていました。

　それぞれのブース内には、その会社が売り込みたい商品である食品、お菓子、冷凍やチルド、レトルトなどの加工食品がセンスよく展示され、そういった展示ブースの周りでコンパニオンたちが、その会社の目玉商品の試食をトレーや小皿などにのせて、来場客に勧めていました。

僕が制作管理しているこのブースでも、解凍した冷凍食品や菓子、加熱したレトルト食品などを小分けにして、来場客に試食していただいていました。お客は、少々露出気味の女の子たちの甘い言葉に誘われるまま、小皿を受け取っては、試食してしまうのです。もちろん真剣に試したくて手に取る小売店の方もいましたが……。

こんなふうに行われる展示会の四日目に、あってはならないことが起きたのでした。最終日ということで、だいぶ会場の雰囲気にも慣れて、注意散漫になっていたのかもしれません。午後の二時ごろにわが社のほかのお得意様がブースを訪ねてきてくれたので、僕は会場横の喫茶店で話をすることにしました。クライアント側の担当責任者である広報部の中根さんに、

「三〇分ほど離れますので、お願いします」

と、依頼もしました。

制作会社の進行責任者にも、その旨を告げ、僕は会場を離れました。油断したこの三〇分間が魔の時間となったのです。あとから聞いた話では、その一五分後……。

「この会社はこんな汚いものをお客に出して平気なのか!」と怒鳴られる

突然、男の人の大声が耳に入りました。ステージ横で新商品である解凍したフルーツ

タルトを配っていたコンパニオンの前で、中年の男性が、すごい形相で怒鳴っていました。

「このケーキに髪の毛が入っていたぞ。きたないじゃないか」

「すみません。今、奥の仕込み室のほうから受け取ったばかりで、気がつきませんでした。す、すみません」

と、コンパニオンは、困ってペコペコと頭を下げていました。

「わからなくて、口に入れてしまったじゃないか。この会社は平気でこんな汚いのを出すのか」

「いえ、そんなことはありません。ひょっとしたら、私の髪の毛が入ったのかもしれません。本当にすみませんでした」

「こんなものを食わせて病気になったらどうする気だ、いったい」

だんだんと、クレームがエスカレートしていきます。

「会社の責任者を連れて来い」

男性の剣幕に驚いたコンパニオンは、立ちすくんでいました。そして目には涙がにじんでいました。近くに立っていたクライアントの営業部の山本さんがすぐに駆け寄り、

「申しわけありません、これから気をつけますので、許してあげてください」

クレーム客は、突然あらわれた山本さんに、

「うるさいんだよ、口出しするなよ。お前は誰だ」

「このブースの『日の丸印物流』のものです。わかりましたからこちらに来てください」

山本さんがブースの裏に連れて行こうと相手の腕に触ると、

「痛いじゃないか、さわるなよ」

コンパニオンを直接、雇っている下請けの制作会社のスタッフも慌てて駆け寄ったそ

うです。

コンパニオンは、もう泣くばかりでした。ほかの営業部や広報部の人達も集まってきました。

「何だおまえたち、不愉快だ！」

このままでは収拾がつきません。とにかく何とかしなくてはと思ったクライアント側の責任者である広報部の中根さんが、お客と山本さんの間に入り、

「注意が足りませんでした。本当に申しわけございません。せっかくお立ち寄りくださいましたのに、ご迷惑をおかけしました」

と謝ったのだそうです。

だんだん気まずくなったのか、男性は、

「もっと、気をつけろよ」

とぶつぶつ言いながら、どこかに去っていったのだそうです。

僕が喫茶店から戻ってきたときは、まったく何ごともなかったように、和気あいあいとしていました。僕を見つけた中根さんは、身振り手振りで、今起こったばかりのトラブルをこのように教えてくれたのでした。とりあえず、この不祥事を謝罪しました。

「肝心なときに留守にしてしまい、申しわけありませんでした。コンパニオンにも教育

が行き届きませんでした。進行の制作会社のものにも厳しく言っておきます」

僕の会社は、中堅の広告代理店とはいえ、電通、博報堂と比べれば、吹けば飛ぶような存在です。クライアントを少しでも怒らせてしまうわけには行きません。僕自身の首も飛びかねません。代理店であるうちの会社の責任にするわけにもいかないのです。

「なんてことをしてくれたんだ」と、僕はコンパニオンと進行スタッフに怒りを抱いていました。

しかし、中根さんは、ニコッと笑いながら

「まあ、とりあえず片づいたからいいよ。あと二時間くらいですべてが終わりだから、こんなことが、もうないようにがんばりましょう」

こんなふうに励ましてくれたのでした。

トラブルがとりあえず収まって、ステージ上では、商品の説明デモンストレーションが終わったナレーターに、大学生らしきお客がカメラを向けて写真を撮っていました。

マニュアル通りにやらなかったのがいけない

私は腹の虫が収まりません。制作会社のスタッフとコンパニオンをブース裏に呼び、わざと中根さんをはじめ、クライアントの見えるところで叱りつけました

「君ら、いったい何を考えているんだ。ちゃんとマニュアル通りにやっていたのか。ちゃんとしなけりゃだめじゃないか」

コンパニオンは、

「仕込み室の社員からフルーツタルトを受け取ったときには、何も入っていないことを、ちゃんと確認したんです。あのお客さんに渡したときだって……」

「言いわけはもういいよ。ホントに確認しながらやってたのか？　まあいいや、しょうがねえ」

僕は舌打ちしたかもしれません。今度は制作会社のスタッフに、

「君もコンパニオンの管理、ちゃんとしてるのかい。これペナルティーだよ」

「すみません。でも、彼女はコンパニオンの中で一番、一生懸命にやってくれたんですけど」

「そうかな。僕が見てると私語も多いし、みんな同じようなもんだけどな」

「彼女も、ちゃんと確認したって言うし、これは交通事故みたいなもんで、仕方ないですよ」

「相手は大事なお客さんだぞ。お客さんっていうのは……そうそう、そのトラブルのお客さんじゃなくてクライアントのことだよ。きちんとやってくれないと、次から仕事が

来なくなるじゃないか」

　スタッフは、そんなに怒ってもと、半ば呆れ顔で、

「そうですか。わかりました。今後は気をつけます」

　本当は納得していない様子なのですが、反省した態度を示しました。

「じゃあ、お願いしますよ」

　二人を解放しましたが、こういうコンパニオンやスタッフは、きっちり言いきかせないとなかなかまともに動いてくれません。僕は少々『嫌な男』かもしれませんが、こうしていないと現場は締まらないのです。最近の若い子は、クライアントがいかに大事なものかを理解していません。

　午後五時をすぎて閉会。来場客が帰ると、コンパニオン達も私服に着替えて帰りはじめました。

「お疲れさまでした。今回は本当にお世話になりました」

「お疲れさま。また今度もよろしくね。オーディションに参加してね」

（あんなヤツ二度と使うものか。謝りもしないで帰りやがった、しょうがねえ）

と、件《くだん》のコンパニオンを腹立たしく思いながら、僕は見送ったのでした。

　ブースの取り壊しがはじまりましたが、まだその作業には手をつけずにいる商談コー

ナーでは、営業部と企画部の社員一五名が今日の反省会を始めました。そこへめずらしく、営業統括本部の原次長と開発商品を担当する第二営業部の土田部長（仮名）が、本社から足を運んでいました。反省会の輪の中で、真剣な顔で何か話していましたが、途中で土田部長は、僕と営業担当者がいる方に向かって歩いてきました。

僕は、すばやく、

「お世話になっております。ご苦労様です。土田部長、今日はめずらしいですね。何かあったんですか」

「この会場で、今日の午後にトラブルがあったようだな」

「えっ、はい、でも無事にすみましたから」

「そうなのかね？　本社の『お客様相談室』に今日、この会場に来た男の人からすごい剣幕で電話がかかってきたらしいぞ。それからてんやわんやの大騒動がはじまったんだ。しかもどうしたことか、社長室まで話が行ってしまったんだ」

「まさか、そんなこと……」

「何かあったら、現場で処理を終了してくれないと困るんだよ」

「すみませんでした。丸く収まったのかと思っていましたので、大事件になっているとは知りませんでした」

「私が、直接本人から聞いたわけではないが、相談室の話によると、『コンパニオンは態度が悪くて、配っているケーキにわざと自分の髪の毛を入れた。しかも、手づかみで渡している』あんな社員を使っているのか」ってすごい剣幕だったらしい」

あのお客は、よほど腹の虫がおさまらなかったようでした。部長は続けて、

「いや、そんなこと事実だとは思っていないけど、これだけ問題が大きくなると何とかしないと、うん、私の立場もあるからな」

「私の立場もあるからな」。これは土田部長の口ぐせで、社員たちは、この言葉のために、『典型的な利己主義イエスマン』と呼んでいます。自分の立場しか考えず、部下のことはまったく考えない上司として、知られているようでした。でもこれが彼の出世を支えてきたのでしょう。

僕とは正反対のタイプと思っているのですが、すぐに細かい話を聞くことにしました。

「本社での電話の詳細を聞かせてください」

「電話応対した総務の女性社員がびっくりして、あわてて事業部に回したんだが、事業部でも困って統括部につないだんだ。そしたら統括部長がそばで聞いていて『何でたらい回しをするんだ、早く原因を突き止めろ』って怒った。そして私の第二営業部に事実を調べるようにと依頼がきたんだ。そのスッタモンダが社長室まで知られてしまったん

だ。幸いにして、社長の耳には、入っていないようだがね」

「ああ、そうだったんですか」

「ちょっと特殊なお客さんだとは思うが、よければ、対策を一緒に考えてほしいんだよ」

話をしている周辺も、ブースの解体が本格的になって騒がしくなってきたので、土田部長、中根さんなどとともに、会場近くのホテルのラウンジに移動しました。

「実は、中村統括部長が、『対処が悪い』と怒っていて、すぐに対策を考えて報告するようにと指示してきたんだよ。早くしないとまずいんだよ」

「髪の毛がフルーツタルトに入っていたのは本当らしいですけれど、手づかみではなくて、紙皿に乗せて渡していました。そしてコンパンニオンが何回も謝ったのに怒鳴っているだけで、聞いてくれなかったと言っていましたよ」

「言っていましたって、君はその場所にいなかったということかね」

「いえ、あ、はい、のっぴきならない急用ができて、少し外へ……」

「そんなことだと困るよ、ちゃんと管理しろよ。今回のイベントだってセレモニーだけのコンペをして、ほかを外して君のところに回したのだから。どうしてこんなことになったんだ」

「本当に申しわけありません。いかがいたしましょうか」

土田部長は少し考えてから、

「ウチの社員の対処にも問題があったし、君の方にもミスがあったよな」

「はい。でも、これはアクシデントだと思うんですが。あのお客さんも……」

「いや、アクシデントがあっては困るんだよ。それを防ぐのも君たちの役目だろ。どんな人でもお客さんはお客さんだ。とにかく私の立場がないんだよ。わかった！　こうしてくれ、中根と君とでお客さんのところへ謝罪に行きなさい。それで、悪いけど、君のところの管理の問題だったとしてくれ。コンパニオンに質の悪いのが混じっていた、でもいいよ」

「わかりました。早速明日、中根さんと一緒にお客様のところに伺って見ます」

部長は、中根さんのほうを見て、

「中根君、くれぐれも言っておくが、君はうちの会社の責任にしないこと。すべて代理店のせいにするんだ」

僕は驚いて、

「ええ、なんですって」

「いいんだよ。君は君で下請けのせいにすればよいじゃないか」

「そうですか。わかりました」

「はめられた！」と思っているのは僕だけ？

その翌日、僕はまず上司のクリエーター室の室長と、『日の丸印物流』へ謝罪に行きました。

営業部をまわって

「昨日はコンパニオンがとんだ不始末をしまして申しわけありません」

などと頭を下げ、また、広報部では今回の請求額から値引きを約束しました。

そしてクレーマー処理です。中根さんが昨日のお客さんにアポイントを取り、午後、渋谷のホテルのコーヒーショップで会うことになりました。そのお客は、山下さんというのですが、よりによって埼玉県で独立系のコンビニを展開する会社の専務さんでした。『日の丸印物流』の見込み客でもあったのでした。

おかげで僕と中根さんは、ドキドキしながら山下さんを待ったのです。もちろんお土産を持って約束の時間の少し前からです。一五分ほど遅れて、山下さんが現れました。

中根さんは、自己紹介をし、さらに私を今回の運営に携わった代理店の社員と紹介した後、お土産のお菓子を差し出しながら、

「このたびはとんだ粗相をいたしまして、大変、申しわけありません。これはほんの手

土産ですが、どうぞお受け取りになってください」

山下さんは、昨日とは違い、落ち着いた様子でした。

「そうですか、わざわざご苦労さまです。私も食料品を扱うものですから、いろいろと大変なことはわかります。いったいなんで、こんなことが起こったのでしょうか。そこを私は聞いておきたいのですが」

「まったくこちらの手落ちでございます。ああいった展示会はさんざんやってきているのですが、こんなことは初めてです。申しわけありません。どこで毛髪が混入したかは、調査したのですが、結局わかりませんでした。まったく私どもの落ち度です」

と、山根さん。

「そうですか。こちらの代理店の方は、どう考えておられますか」

（僕は、「お前が騒がなけりゃ何もなかったのに」と思いながらも……）

「はい。大変申しわけございません。運営していた私どものミスでございます」

こう答えました。

「こういうことがあってはいけないね、ちゃんと管理しないと。君のところで全部やっていたのかね」

僕はこの言葉についつい乗ってしまい、

「いや、下請けがおりまして、この制作会社が全体の進行をしていました。コンパニオンを直接、雇っていたのも制作会社です」

「じゃあ、そっちに問題があるわけだ」

中根さんが、

「いや……」

と、言いかけたのを僕は遮り続けて、

「そうばっかりとは言えませんが、ちょっとダメ制作会社とダメコンパニオンでした。こいつらがきっちりやっていれば、お客様にこんな災難を被らせずにすんだのです」

「そうか、君はちゃんとやっていたんだ」

「もちろんです」

こうやって山下さんへのお詫びは、無事にすんだのでした。

会社に戻ると、さっそく制作会社の社長に電話をし、今回のことでペナルティーをかけ、見積もりから一〇％引くことを告げました。

数日後、中根さんから電話がかかってきました。

「平田さん、あの謝罪の仕方はないよ」

「そうですか」

「責任は自分でとらないと駄目だよ」

「はあ」

「あの後、山下さんから僕のところに電話があってね。実は君のことをあんまりよく言ってなかったよ。あんなに他人のせいにしちゃ駄目だよ。それを不愉快と思ったらしくて、ずいぶんと気分を害していたようだよ。今回で君のこともよくわかったし……」

中根さんの後の言葉は、僕の耳に全然入ってきませんでした。その後、ほかにも小さなトラブルがあったことが発覚したのか、『日の丸印物流』からの仕事は減り、また制作会社からも逆に「御社とはもう仕事はしない」と言われる始末でした。

最近は、平田は「なんでも他人のせいにする」という噂が、イベント業界で広まり、仕事を依頼できる会社も極端に減りました。でも、僕はまだこの代理店にいます。ただ、現在は大崎にある印刷所に異動となり、パートのおばさんたちと働いています。

教訓1　クレーム処理は、イントロの謝り方が大事

コンパニオンは、「かわいければいい」という時代がたしかにありました。でも、最近はクライアントの代表として自覚を持って働かなければ、務まりません。このケースでは、コンパニオンを採用する時点から問題があったようにも思われます。

コンパニオンを希望する女性が「何となくおもしろそうだから」「お金がたくさんもらえるから」という動機ではなくて、自分なりの考えがあってこの仕事をやろうとしているのかは、チェックポイントです。仕事に対するモチベーションが高い人に、お客との接し方や製品の扱い方などの研修をすれば、クレームが発生してもすばやい対応ができるからです。

また、相手からクレームを言われたときに、どのように反応し、何と答えたのかは、そのあとの処理をスムーズにできるかどうかの分かれ目です。クレームのイントロの応対が大切です。

この事例では、コンパニオンが「すみません」と謝っていますが、まずは、「申しわけございません」と、正しい言葉遣いを身につけることも望まれます。

教訓2　ただ詫びるだけでは、上手なクレーム処理はできない

コンパニオンは「ひょっとしたら私の髪の毛が入ったのかもしれません」と咄嗟に口にしています。相手の迫力に負けて口にでてしまったのでしょうが、あまり感心できません。このときは、「ただいま、上司に代わります」と、すばやく山本さんか中根さんに出てきてもらうのが得策でした。また、山本さんはクレームを引き継いだら、コンパニオンをかばう前に、お客を尊重すべきでした。

このときの応対ですが、「せっかくお越しいただきましたのに、申しわけございません」「大切なお客様に、ご迷惑をおかけいたしました」「私がきちんとお詫びいたします。お客様、こちらにどうぞ。あちらで座ってきちんとお話をお伺いさせてください」など、相手を敬っているのを態度と言葉で表現しましょう。相手に座ってもらったら、缶でもいいので、飲み物を差し出すぐらいの気配りはしたいものです。

教訓3　クレームになった原因を他人に押しつけるのは最低

もっともやってはいけないのが、クレームになった原因を他人に転化することです。ここでは平田さんが、「下請けがコンパニオンを雇っているので、管理しきれなかった」とクレーム客に詫びていますが、最も避ける言葉でした。

お客にとっては、クライアント、広告代理店、制作会社のどこに所属する人が悪かったのかなどは、関係ありません。個人攻撃をしようとは思っていないはずですから。内部で原因のなすりあいは、クライアントの信用を失墜させるだけです。それは、いかにスタッフ同士のコミュニケーションが悪いのか、自分たちを守ることしか考えていないのかを、お客に曝露しているようなものだからです。

このような体質の会社とつきあえば、何か問題が起きたときにすぐに処理ができないことは、誰もが想像できます。クレーマーはコンビニの専務さんなのですから、もし、フルーツタルトという商品が気にいっても、新規取引を躊躇することにもなりかねません。平田さんは、これを察することができなかったために、自分が誇りを持って携わっていた職までも失ってしまったのです。

このようなときは、ひたすら「申しわけございませんでした。責任者としての私の不手際でございます。原因追及は、これからも続けてまいります。何らかの理由がわかりましたら、改めてご報告させていただきたいと存じます。今後ともよろしくお願い申し上げます」と誠意を見せることです。そして、クレーム処理をした日のうちに、お詫びの手紙を書いて送るようにしましょう。

第3章

きちんと対応したはずなのに。「慣習の中に落とし穴」

「一生懸命」が報われないむなしさに脱力感

貴金属店

指輪のサイズが大きすぎる。それは無意味な慣例が原因だった

川上　由梨　28歳【フロアチーフ】
専門学校を卒業後、U貴金属店に勤務。キャリアは8年。
「今回のトラブルで、仕事の進め方を考えさせられました」

本当は穏やかな土曜日だったのに……。

うっかりミスが、得意客との大きなトラブルになるなんて、そのときが訪れるまでは、私はまったく予想もしていませんでした。

でも、騒ぎがおさまったあとに、友人に今回の騒動の話をしたら、「クレームはいつも突然やってくるものなのよ。由梨はそんなこともわからなかったの！」と、痛いところをつかれたのです。

その通り！　トラブルが予知できたら、実際に起こったときの対策が考えられるのですから、的確なお詫びの言葉だって事前に用意ができます。それができないから、クレーム処理能力が求められるのだと、心の底から思えるようになりました。

「甥の結婚式にミソをつけられちゃった」とお客の怒りは増すばかり

私は老舗のU貴金属店に勤務して、八年になる販売員です。この店は駅前の大型商業ビルの三階に入っています。ビルの開店時間は一〇時なのですが、七月の第三土曜日が早番にあたっていた私は、九時前には出社。

土曜日は平日と違って一〇時をすぎると、すぐにお客がこられるので、こうした細かい実務作業は開店前に終わらせ、いつも通りの開店を迎えました。

その日は主婦を中心に、ご夫婦でショッピングを楽しまれる人も多く、午後から出社した佐藤主任は、午前中の売り上げが順調に推移しているのを見て、上機嫌でした。今年入社したばかりの青山さんも、お客の気持ちを汲んだ接客が板についてきて、私としても一安心というところです。こうしていつものように、土曜日は平凡にすぎていくはずだったのですが……。

私にとって特別な予定は、その日、お直しを取りにくるお客がいることぐらいでした。六〇代の書道師範の田中さんは、県内で有名な温泉地、N村に住んでいます。月に一度、第三土曜日に、これから教室を開こうと考えている若い先生方を指導するために、山を降りてきます。私とのつきあいは、数年前、教室の帰りにフラッと店に立ち寄ってくれたのがきっかけです。

宝飾品が好きということもあり、教室の帰りには決まって店に立ち寄ってくれるのですが、先月はグリーン・ガーネットの指輪を購入してくれました。

この土曜日は、サイズ直しがすんだ指輪を受け取るために来店される予定になっていました。私は前日、新しく入荷した商品が、田中さんの目にさりげなく止まるように、接客スペースの近くに陳列をはじめました。田中さんはいつものように、一時すぎに来店されたのでした。

「楽しみにしてきたのよ」

「いらっしゃいませ、田中様。お待ち申し上げておりました。グリーン・ガーネットの指輪をただ今、お持ちいたします」

私は田中さんに微笑みながら、青山さんにお直しの指輪を持ってくるように目配せをしました。

「あのグリーン・ガーネットの指輪をお持ちになっていらっしゃるお客様は、まだまだ少ないですから、ちょっと、周りの人たちから注目を集めるかもしれませんね」

「そうかしら。でも、ちょっとお洒落よね」

まんざらでもなさそうな田中さん。二人の会話が弾んでいる最中に指輪の入っている箱が静かに用意されました。私がゆっくりと箱を開けたときです。もし、時間に歯車があるとしたら、それがギーと鈍い音をたてながら、ブレーキをかけたように私には感じられました。

「いやだぁ。何なの！　これは」

と、田中さんは私が今まで聞いたことがない大きな声で叫びました。

「……」

私は言葉が出てきません。

「これ、私の指輪？　これは違うわよね。すっごく大きいじゃない！　忘れたの？　私は7号サイズなのよ」

「は、はい……。申しわけございません。しばらくお待ちください」

私は落ち着きはらった態度で応対したものの、多分、声はうわずっていたと思います。

そして足早にバックヤードに引き返しました。

「この石は珍しいんだもの。商品に間違いはないはずだ。絶対にほかの箱があるはず」

体中から血の気が引いていくとは、まさにこの状態をいうのだと感じました。

「目の前で起こっていることは、現実ではない」と、思いこもうとしている自分がそこにはいました。

本当はわかっているのに、「修理担当者が、別のお客様のものと入れ間違えたんだわ」と、どこかに指輪が紛れ込んでいると思い込もうとする私がいました。

店頭にいた佐藤主任が、何か様子がおかしいのを悟って、バックヤードにスッと入ってくると、

「サイズを間違えたのか？」

と、緊迫した声で尋ねてきました。

「いえ……、はい、お直しミスが……。お直しの担当者のほうで入れ違ったんだと」

「そうか……。今日はお持ち帰りいただくことはできないんだな。それじゃとにかく、まずはお客様にきちんと謝らなくてはいけないな」

「あ、はい」

「お客様の指輪のサイズは？」

こう聞かれたのをきっかけに私は不安な気持ちを、一気に主任にぶつけていました。

「主任！　お直しで入れ違っていれば、ほかの店からも何らかの問い合わせがあるはずです。でもここひと月、そういう連絡はまったく入っていません。ということは、お客様の商品を、誤って直したんだと思います。こんなに大きくしてしまった指輪は、もう7号にはなりませんよ。どうしましょう。うちの店にはもちろん在庫はありませんし、

もし、他店にも在庫がなかったら……」

そうなのです。デザインによっては、あまり大きなサイズ差のあるお直しはできないのです。曲線になっている部分にゆがみが出てしまって、とても商品にはなりません。

「わかった。とにかく君はお客様のところへ行ってすぐに謝って！　どうしたんだ。そんな顔をして。今すぐ行きなさい。私が他店の在庫を調べて手配するから。後からいっしょに謝るから、上手にとりなすように。落ち着くんだよ。取り乱さないことだよ」

「はい……」

「あなたを信頼していたのに」。そこには別人になった田中さんが……

目の前に座っている田中さんは別人でした。あの満面の笑みをたたえていた人とは思えません。真っ赤な顔をしながら、

「まあ、なんてことなのよ。大変だわ！　来週の日曜日、甥の結婚式につけていくものなのよ」

「はい……」

「あなたにも言ったじゃない。着物に合わせたいってね。いやだわ、あなたを信用してお願いしたことなのよ」

「これじゃ、なにか、せっかくの甥の結婚式にミソつけられちゃった感じよ。あなたにはわかるはずないわよね。まったく、ひどいわ」

「ま、誠に申しわけありません」

私の頭はガンガンしてきました。

「あぁ、絶望的だわ。でも、どうしたらいいの？　とにかく、来週の日曜日というのは決まっているんだから。どこかで同じものでピッタリなもの買ってる暇なんてないし」

と、ギロッと私を睨みつけたのです。

「今、お調べしておりますので、しばらく……」

「あなた、私がN村から来ているのをご存じなんでしょ！　結婚式に間に合わなけりゃ、私はいりませんからね！　あなたは宝石を売ればいいのだから、一回、謝ればすむわよね。でも、そうはさせないわ。返金していただいたぐらいじゃ、気持ちはおさまらないもの。どんなにいまの私がショックを受けているのかわかっているの？　そうよね、あなたは若いからわからないわよね。あと何回、私が結婚式に出られると思うの！　こうやっておよばれする一回、一回が貴重なんですからね」

私を批判するひとことを口にした途端に、次から次へと、私の心に突き刺さるいじわるな言葉を吐き出しはじめたのでした。

「は、はい、必ず何とか間に合わせて……。誠に、誠に申しわけございません」

私は、みじめな気持ちでひたすら頭を下げ続けました。

立腹している様子は、周りのお客からの関心を引いたようです。二人のやり取りを興味深げに見ている男女が二、三人いました。ちょうどこのときに、主任が売り場に顔を出しました。

「自宅に指輪を届けたい」という誠意が通じる

「遠いところ、わざわざお越しいただき誠にありがとうございます。私は主任を務めております佐藤と申します。本日は大変、ご迷惑をおかけいたしました。誠に申しわけございません。実は、お客様、私どもの手違いで指輪のサイズを誤ってしまったようなのでございます」

と、ゆっくりと説明をする主任に対して、話を聞いている田中さんの表情は、再びこわばったのでした。

田中さんはいっこうにおさまらない腹立ちをしばらくの間、主任にぶつけていました。

主任は丁重に謝りながら、相手の話を聞いていたのですが、五分ぐらいたったころでしようか。背筋を伸ばして、きっぱりと話しはじめました。

「田中様、大変申しわけございませんでした。私どものミスです。おっしゃる通りにいたします。ただ、田中様はさすがにお目が高くていらっしゃいます。グリーン・ガーネットは希少ですし、どこにでもあるお品とは違います」

「そうでしょう。だから私だって困っているんじゃないの」

「せっかくお着物に合わせてお選びいただいたのですから、いかがでしょうか。今週中に私、佐藤が田中様の指輪をご自宅まで、直接お届けに上がらせては、いただけないでしょうか」

「えっ？　あなた、持ってきてくれると言うの」

この主任の決断がきいたようで、田中さんの表情はいつもの上品なご婦人の顔に戻りはじめました。

「はい、私の責任できちんと7号サイズにしてお届けに上がります。もちろん、都合を伺いましてからですが」

「だって私、N村に住んでいるのよ。ここから二時間はかかるわね」

「はい、伺っております。構いません」

「あ、そう……」

あんなに怒っていたのが信じられないくらい、あっさりと了解してくれたのでした。田中さんも人を非難する言葉を羅列することに、少し疲れを感じたのかもしれません。

ひらがなの「し」が数字の「1」に見えると言われて愕然

震度六の激震に襲われたとは、こんな感じかもしれません。主任は、すぐに課長をつかまえて事情を説明したようです。この件については一任されたようでした。こういう指輪は店のロス扱いとなり、店にペナルティーがついてしまいます。幸い本店に同じグリーン・ガーネットの在庫があったので、修理班の課長に在庫のお直しを特急でやってもらえるよう依頼しました。さらに直接、修理の状況報告をもらえるようにも手配をしたのです。もうフロアチーフとしての私の面目は丸つぶれでした。

ふつふつと怒りがこみ上げてきました。店頭に残っている伝票には、確かに「指輪・サイズお直しの欄」に7号という数字が私の字で書いてあります。「やっぱり、修理班のお直しミスなのよ。よくも、こんなにお客様に迷惑をかけられるもんだわ。私の顔にも泥を塗ってくれたわね」

誰も見ていないことをいいことに、偶然に手元にあった台帳らしきノートをドンと勢いよくテーブルに叩きつけたのでした。それでも私は気持ちが収まらず、喉に何かがつまったような状態のまま、なかなか店頭に出られないでいました。

　そこへ新人の青山さんが、店頭に並べる商品を取りに入ってきました。すべての顛末を端のほうで見ていたので、口をきかない私に少し距離を置いているのがわかりました。

「修理を間違えちゃったのよ。伝票に7号ってあるのに、17号にしちゃって」

と、あえて私は大きな声で話しかけました。

　そして私は腹立ち紛れに、伝票と修理から上がってきた17号の入った袋を彼女の目の前に、力強く突き出したのです。それを見た彼女は、目を丸くしています。

「えっ？　どうしたの？　何がおかしいの

これが17号に見えた

よ」と私。

「チーフ…ここに17号って……」

「えっ？　7号って書いてあるじゃないのよ。何を言っているの！」

「えっ！　7号ですか。17号に見えますが……」

「あなた、何を言っているの。私は『お直し7号』と書いたのよ」

私の会社では、商品を外に持ち出すことを非常に厳しく管理しています。そこで、商品を出す際に、持ち出しが一目でわかるように、この店専用の透明な持ち出し袋を使用しているのです。

ただ修理やお直しのものは、また別にお直し専用袋があり、一般の茶封筒のような体裁に赤い枠線があって目立ちます。社内で「赤線袋」と呼ぶこの袋にお直し商品を入れるとき、お直しの修理台帳に内容を書き写すとともに、袋の上にも修理内容を転記して書くようになっているのです。

そうなんです。お客の前で書くお直し伝票とは別に、修理班に出すときに、改めて店員が赤線袋に修理内容を転記するようなシステムになっているのです。田中様の商品を入れる赤線袋に、私は「お直し7号」と横書きで書きました。しかし「し」の字をあわてて書いていたために、数字の1に見えたのです。ですから「17」のように読み間違えられたのです。

「そうか……。修理の担当者は、私が袋に書いた修理内容の文字を読み間違えたんだ。えっ？　いやだわ、それじゃ、これって、少しは私にも責任があるってこと？　うそよ……そんなはずがない」

私は、新人の指摘を受けて、憤慨と不安の板ばさみになっていました。

お直しの際は、お客様の前で書いたお直し伝票が商品に必ずついていきます。修理班のシステムでは、修理に入ってきた商品は、まず修理受付が「赤線袋」から商品と伝票を取り出し、伝票に書かれた修理内容を確認することになっています。そしてこの伝票は、受付で修理班控えとしてファイルされます。

そのあと、商品は「赤線袋」に入れられて、修理担当に回ります。修理担当に渡る時点では、伝票がいきませんから、担当者は袋に書かれた内容を見て、お直しをすることになります。さらに、お直しがすんだ商品は、再びこの「赤線袋」に入れられて、店に戻ってくるシステムなのです。

修理班から戻った田中さんの袋には、私の字で「17号」とも読める走り書きの文字が残っていました。

「あぁ……お直し内容を赤線袋に書き写すときに、もう少し慎重に書くべきだったのね」

自分で見ると「指輪サイズお直し7号」と読めるのですが、新人の青山さんが、17号と読んだのですから、お直し担当者が読み間違えたのは確実です。これは絶対に修理班の責任ですから、店に問題点があるなどとは、言われたくはありません。しかし、その事実を理解した私は、相当に青い顔をしていたのでしょう。身動きしない私の状態を見て、青山さんが小さな声で言いました。

「でも、どうしてお直しだけ、赤線袋に入れるんでしょうか。私が入社したときから不思議でした。お直しだけは、別扱いにしていますよね」

「……だって私が入る前から、そう決まっていたのよ。そんなのもわからないの？　お客様からのお預かりの品だからじゃないの」

「チーフ。お直し以外のお客様のお品だって専用袋で移動しますよね……」

なぜ、お直しのときだけ専門袋を使うのか

火曜日、私は主任の運転する会社の車で、N村へ向かっていました。田中さんの商品を届けるためです。これまでの処理はすべて佐藤主任が奔走して、迅速な社内処理が行われました。あの日は土曜日でしたので、土日が休日の修理班はお休みでした。

ですから、本店にあった田中さんと同じ商品は、月曜日に特急で直しに回り、その日のうちに私の手元に届きました。相手にその旨を連絡し、この日に、届けることになったのです。

田中さんはトラブルがあった日とはまるで様子が変わって、化粧の乗りもよく、上機嫌でした。

「お客様をお呼びしても、なかなか山まで上がって来てくださらないのよ」などと言いながら、お点前まで披露してくださったのです。田中さんへは丁重にお詫びと感謝の言葉を述べることができました。また、帰りは私たちが見えなくなるまで玄関先で、見送ってくれました。

そして帰りの車中のこと。佐藤主任が、優しい声で私に言葉をかけてきました。

「田中様がよい人でよかったね。とりあえず、お客様の方はすんだ」

「主任、本当にありがとうございました。主任には、ご迷惑をおかけして、申しわけありませんでした」

「田中様のことはよかった。だけど、私も報告書を出さなきゃならないから、君から事情と経過を聞かせてほしいな」

ファミリーレストランで車を止めて、経過を話すことになりました。私は修理班が、田中さんの「赤線袋」に書いた内容を見間違えたのだと報告しました。ただ、私のほうも転記するときに、慎重さを欠いたために、17号と見間違いやすいような文字の書き方をしてしまったことも、つけ加えて。

するると、黙って聞いていた主任から、

「チーフ、赤線袋って何のためにあるんだと思う？」

思いもしなかった質問が飛び出してきたのでした。

「えっ？　赤線袋ですか。いや、あの〜お客様からのお直しを入れるためですよね」

「赤線袋は必要だと思う？」

「えっ！　だってずっと使っているし……、必要じゃないんですか」

私は、これからの赤線袋に対する慎重な対応を、具体的にどう実行していくつもりなのか、などと質問されると思っていたので、主任が何を言いたいのかすぐには理解できませんでした。

「実はね、あのあとにね。青山さんと昼飯を一緒に食べたんだ。そのとき、あの田中様の赤線袋の話が出てね、青山さんから赤線袋は何のためにあるんですかって、いきなりマジメな顔で尋ねられたんだよ。入社したときから不思議だったそうだ。お直し以外の商品はどんな商品でも、専用袋に伝票がついて移動していくのに、お直しだけは赤線袋に伝票の内容を転記して動かす。それはなぜですかって言うんだ」

「だって、お客様からのお預かり品ですから……」

「まあそうなんだが、入金後商品を移動することだってあるだろう。専用袋は、そもそも商品を慎重に扱うための袋だ。チーフ、専用袋に入ってきた商品と、赤線袋に入ってきた商品と、扱いを変えているかい？」

「いえ、専用袋に入社しているものも、赤線袋のものもどちらも商品ですから、どちらにも同じように神経は使っているつもりです」

「いや、僕も入社したときから赤線袋があったから当たり前だと思っていたんだ。青山さんの質問にちょっと面食らったよ」

ミスがきっかけで「社内改善提案・優秀賞」を受賞

私は、あの日の彼女のことを思い出していました。確かバックヤードに入ってきて、赤線袋を見てかなり驚いた様子でした。

「それで、彼女は不安だって言うんだ。赤線袋に転記すると、また同じことが起こりそうだって。確かに人間がすることだからね。お客様の前で確認したものを、また改めて書き直すって作業は、お客様はご存じないわけだし……。伝票に書かれた通りになるって信じていただいているわけだろう」

「確かに……」

「お直し伝票は七枚つづり、アタッチが六枚すべて赤伝になっていて、注意も促してある。一目見れば、赤伝がついた商品は『お直し商品』だとわかるわけだ。それなのになぜ、赤線袋に入れるんだろうか」

「言われてみれば……。確かに人が転記する作業が間に入ると、ミスを起こしやすいですよね」

「青山さんは、赤線袋に転記するのが不安だって言うんだ。チーフもトラブルを目の前で体験したしね。それで赤線袋を止めて、専用袋に伝票を三枚入れて修理班に送るわけにはいかないか、って」

「えっ？　赤線袋を止めるんですか。すごいこと言いますね」

私は内心、青山さんの行動力を見直していました。彼女は、トラブルが発生しやすい赤線袋を問題視していたのです。

「そうです。その通りです。赤線袋は、ミスの原因を作りやすいものです。透明の専用袋に赤い伝票を三枚、それなら大丈夫です。修理班の受付控え、修理担当者控え、それに店頭に戻す際の移動伝票としてそれぞれ使えますから」

「やっぱりそうだよな。そもそも七枚つづりのお直し伝票を三枚しか使っていなかったことだって、おかしな話だと思えてきたんだ」
「それにしても、ノーカーボンのお直し伝票が何枚もあるのに、何で赤線袋に転記なんてしてるんでしょうか」
「ぼくにもわからないけれど、昔からの習慣じゃないかな。老舗の痛いところかもしれないよ。みんな昔からやってるからっていうことで、安心できるしね。この赤線袋は、この時代になって存在価値を失ったんじゃないかな」

こうして田中さんの指輪事件について、佐藤主任の報告書が作成されました。何回か課長とも話し合いがもたれ、それが社内改善提案となって本店に上がっていったのです。結果として三カ月後には赤線袋は全面廃止。

実際、17号サイズの商品は私のペナルティーとなりましたが、私達の前向きな取り組みに対して、総務から「社内改善提案・優秀賞」をいただきました。それ以来、新人をはじめ、チーム一丸、当店の結束は、より強いものになりました。売り上げでも他店を抜いて、現在も上昇中です。

この気配りが大事です！

教訓1　お客は文句を言いながら、応対者の態度をチェックしている

このケースでは販売側が事実を早く受け入れて、次の対策を提示することが望まれます。お客は「結婚式で使用する指輪である」と使用目的と期日を口にしているのですから、それに間に合わせることができると伝えれば、腹を立てていても、その場は納得してくれます。

どうしていいのかわからずに、おろおろするだけだったり、黙ってしまうのだけは避けるようにしましょう。相手は販売員のはっきりしない態度に不安になるばかりか、次の対策を立てることもできません。

なぜ、田中さんがこの場でブルー・ガーネットが手に入らなかったのに、とりあえず待つことを承諾してくれたのでしょうか。ここに上手なクレーム処理の極意が隠されています。佐藤主任が「今週中」に「同じ指輪」を「自宅までお届けする」と精一杯の誠意を示した点です。使用する「期日」に間に合わせることを確約し、その指輪を手渡す方法も明らかにしている点が、この厳しい状況下で、お客が「店側の話を信じて待ってみよう」と決めるきっかけになっています。

突発的な事故が起きたときには、まずは現状を受け入れます。次にそれ以上に迷惑をかけないような迅速な処理方法を示すことがポイントになります。

教訓2　「担当の〇〇です」と自分の身分はすばやく明かす

担当者が問題解決ができない場合は、上司がその対応にあたります。そのときには、まずは自分の立場と名前を名乗るようにします。ここでは佐藤主任がその立場になるわけですが、なぜ、自分がお客の話を伺い、対処をするのかを納得してもらうには大事なことです。

担当者が対応できないなら、上司を出せばいいという安易な考え方では、クレームは治まるどころか、火種を大きくすることにも。また、クレーム処理をする側の人数ばかりを増やすのがいいわけでもありません。対応する人数に比例して、お客が納得する度合いがアップすることはありません。

たとえば、お客一人にお詫びをする側が五人揃っていたらどうでしょうか。五人が頭を下げたとしても、クレーム客はみんなから囲まれているような心理が働いて、気分がいいものではないはずです。クレーム処理で大事なのは、対応する側の数ではありません。質の高さであることを忘れないようにしましょう。

教訓3　「よりによって」を使いこなす

「結婚式に出席するときに、指につけていく指輪」となると、縁起物です。それをスムーズに用意できなかったというのですから、相手のガッカリする気持ちは相当なものです。もしかしたら、この指輪は縁起が悪いと感じてしまうかもしれません。その不安な気持ちを払拭するには、品物に対するマイナスイメージをこれ以上、大きくしないことです。お客の自尊心を大切にするには、クレームをいってきた人の気持ちや立場をわきまえて話を聞いたり、応じることが大事です。相手にとって一大事が起こったことをクレームを受ける側も承知して、接客するようにしましょう。

特に大事なお客には、「よりによって○○様の指輪をこんなことにしてしまって……」と、相手の優越感を刺激するひとことを加えることがポイントです。

教訓4　慣例は必ずしもベストな方法とは限らない

この仕事の意味は何ですか。なぜ、こんなに仕事が複雑なんですか。このように尋ねられたときに、「昔からそうだから……」としか答えようがないときは、いまの時代に合わないしくみになっていることが考えられます。

先輩たちから引き継がれた伝統やこだわりは大事にしながら、後世まで残していくことは大切です。でも、そのやり方は古いまま残す必要がまったくありません。たとえば、これだけパソコンが普及しているのですから、顧客管理を手書き台帳で行うのは、効率が悪いだけでメリットはありません。

住所・氏名・年齢などにデータが増えるたびに入力していったほうが、活用の方法も広がりますし、一回、正しく入力すれば、あとはデータをプリントアウトして活用すればいいのですから、時間短縮にもつながります。手書きがいいのは、大事なお客に手紙やハガキを書くときでしょう。普段のDMなどに使用するときは、パソコンに入っているあて先のデータを発送用シールに出力すればいいと思います。でも、クレーム処理が終わったあとに、お詫び状を出すときには、シールではなくて、あえて手書きにしたほうがあなたの誠意が伝わるものです。

結論は、仕事をしていてそのやり方の効率が悪いと思ったら、理由を立ち止まって考えてみることです。案外、無駄な仕事を使っているものです。特に、このようなクレームの原因を生む可能性がある内容なら、すぐにしくみを改善しましょう。

書店

「職務怠慢！」というお客の暴言に反論できない悲しい事実
手順の悪さがクレームの根源であることに気づく

伊藤　亜紀　27歳　**【店長】**
高校卒業後、書店でアルバイト後に社員に。店長になって1年。
「私もアルバイト出身ですが、彼らをまとめるのは大変です！」

半年ぐらい前に、あるできごとがあってからです。「客注が入っていない！」（お客からの予約注文）という言葉を耳にするだけで、胃の中から苦い液体のようなものがこみあげてくるようになったのは。そして、二週間前もやはり「客注」にまつわるトラブルで大騒動があったのです。

私は埼玉県にチェーン展開するK書店の店長になって二年。私が採用したパート・アルバイトもずいぶんと増えてきました。ところで当店は、幹線道路に面し、広い駐車場も備えていて、立地条件がとても良い郊外型のお店なので、遠くから車で来店されたり、すぐ近くにある大学や高校の学生が立ち寄ってくれたりと、とても繁盛しています。それもあり、数あるチェーン店舗の中で売り上げは、いつも一、二位を争うほどです。営業時間は、夜の一二時まで。勤務は三交代制をとっているので、どうにか体がもっているようなもの。でも、つくづくハードな仕事だと感じています。

まず、半年ぐらい前の事件についてお話をしたいと思います。私がアルバイト一人に店を任せて、留守にしていたときのことです。というのも、毎週一回、午前中に高校の図書館と市役所へ本の配達を行っているからです。

配達がどんなことをしているのか、知らない人も多いと思いますので、簡単に説明しますと、朝、配達予定の図書館などに、「これから本を届けに伺います」と連絡を入れます。次に目的地に着くと、車から本を降ろして図書室まで運び、チェック作業がはじまります。

作業の手順としては、私が納品書に書いてある書籍や雑誌のタイトルを読み上げていき、それを担当者が手元にある本と照らし合わせていくという確認作業を行います。すべてのチェックが終わったら、納品書にサインをいただき、次回の注文分をもらって完了します。

次のお届け先にも、これと同じような配達をしていくのです。午前中に終われば早いほうで、その日、私が店に戻ったのは、たしか午後一時をすぎていたと思います。

「ただいま、おつかれさまでした」

と、私はレジに立っていた彼に声をかけると、

「おかえりなさい。今日はなんだかお客様がたくさん来てくれて、けっこう売れましたよ」

アルバイトの工藤くんの表情は、店の切り盛りを任されたのが、とてもうれしかったようで、晴れやかでした。

「一人で大変だったわね」と労いながら、客注の入荷チェックをするために取り置き棚を見ると、雑誌がほとんどありません。

「えっ、まさか！」と私はとても嫌な予感がしました。

「ねえ、工藤くん、予約注文のお客様がずいぶん取りにいらしたようね」

「いいえ、まだ誰も来ていませんせん」と、彼は不思議そうです。

「そんなはずはないでしょう。だって、今日の朝に届いた雑誌がこの棚に置いてあったでしょう？　どうしたの」

「僕がお店に並べておきました」と、誇らしげでした。

なんと客注で入っていた定期購買の雑誌を間違えて、店頭に並べてしまっていたのです。

「取り置き棚は、予約注文をしたお客様の分でしょうに！」

「えっ、そうなんですか」

「だめじゃないの。予約のお客様がいらしたらどうするわけ？　大事なことはいつも手に書いてまで、覚えているのにどうしたの」

「だって……知りませんでした」

彼は気を利かせて、店頭に雑誌を並べてくれたのに、私はつい感情的になって「あら、困ったわね、教えていなかったかしらぁ？　急いで何とかしないとお店の信用がなくなるわ」

と、言いました。

（私の記憶では教えたような気がしたのです）

「何も教えてもらっていません。いいと思ってやったのに、何でそんなふうに言われなきゃいけないんですか」

こんなやりとりをしばらく続けていました。

でも、話をするうちに、「ほかのアルバイトに教えた

でも今月号は
僕も買ったけど
オモシロク
ないから
買わなくても
ダイジョブ
ですよ
それを
売らんかァ
!!

のかもしれない」という思いが、よみがえってきたのです。私は彼にあわてて謝り、台帳を見ながら二人で店頭から客注の雑誌をもとの棚に戻しました。

「ダメです、店長。どうしても一冊足りません」

なんとこんなときに限って、予約分の本が売れてしまい、足りなくなってしまったのです。

「どうしたらいいですか、やっぱり僕のせいです」

「心配しないで。本店に電話をして聞いてみるから」

私は本店のベテラン店長に理由を話して在庫があれば、一冊回して譲ってほしいと頼むことにしたのですが、残念ながら在庫がありませんでした。それはばかりではありません。

「何やってるの！　まだ新人のアルバイト一人に任せたら無理なはずじゃない。失敗するのはあたりまえでしょうに」

と、こってりとしぼられてしまったのです。

「わかっています。すみません」

彼が悪かったわけではありません。私の甘い判断ミスです。自分が忙しかったので、もう工藤くんも販売に慣れたし、大丈夫だろうなんて軽く考えて店を任せてしまったのが、そもそものまちがいだったのでした。

私は電話を切ると、「もう一度、店番をしてもらえる？　ほかの本屋さんを見てくるから」

と、店のことが気になりながらも外出しました。でも、すぐに行動したかいがあって、運よく三軒目のお店に客注と同じ雑誌があり、何とかお客が来店するまでには、間に合わせることができました。

このようなミスは、売り上げがなくなるだけでなく、電話を使って本店に問い合わせをしたので、電話料金分が持ち出しになってしまいます。それくらいのことで「ケチ」と思われるでしょうが、薄利の書店業界にとっては、この電話一本が大変なことなのです。それに加えて、キリキリと胃も痛みましたから、散々な一日を送ることになったのです。同じ過ちは二度と起こすまいと思いました。

得意客から注文された本が入荷していないことが発覚

そして二週間前、大事なお客とひと悶着があったのです。また、悪夢が訪れるかと予感したときには、胃のあたりがドンヨリしはじめたのを覚えています。

うちの店には、工藤くんのようなアルバイトのほかに、パートで働く人たちもいます。

午前中を担当しているアルバイトが田辺くん。いつも明るく、「いらっしゃいませ」「ありがとうございました」と挨拶も大きな声で元気にできるので、お客にも評判がすこぶるよく、好感をもたれています。お店にとっても、重要なスタッフの一人です

毎朝、私たちは出勤すると、開店前に二人で店の奥にある倉庫に行きます。そして取次店と契約をしている運送会社から、明け方に届いた雑誌と書籍の中から、まずその日発売分の雑誌をお店に運び、それを店売り分と、取り置き分に仕分けをしていきます。

取り置きというのは、定期購読のお客の分です。(私はこの取り置き分のシステムを工藤くんに教えていなかったから、半年前のトラブルが起こったのです)。そして店売り分を店頭に並べていきます。それと並行して、定期購買の予約のあるお客の分を「台帳」と照らし合わせてチェックしながら、一人ひとりの名前を書いた紙をはさんで輪ゴムで止めていき、それをレジ奥にある取り置き棚に並べていくのです。

さらに、返品の準備もします。先週の売れ残った週刊誌、あるいは先月発売の月刊誌の売れ残り分を引き上げ、返品用のダンボールに詰めながら、数をチェックします。返品にも期限があり、リミットをすぎてしまうと取次店に返品をしても、送り返されてしまうのです。送り返されると、今度は出版社に直接、電話をかけて交渉するのです。

ある朝、掃除も終わって一段落したときに、よく店に顔を出しては、本を何冊もまと

めて買ってくれる自動車会社勤務の青木さんが入って来ました。大事なお得意さまです。

田辺くんがいつものように、大きな声で挨拶をしました。

「おはようございます。青木さん、いいお天気ですね」

「おはよう。田辺くんはいつも元気だね」

「はい、それだけがとりえですから。今日はずいぶん早いですね」

と、二人が挨拶をしていたのを、私はそばで聞いていました。すると、青木さんが、

「仕事の途中なんだけど気になってさぁ。二週間ぐらい前に頼んだ『クラシックカーの写真集』はまだ届いてないかな」

「こちらのお店に届くと、すぐにお電話を差し上げているのですが、まだないですか。だいたいご注文後、二、三週間くらいはかかるのですが」

「あの写真集は、大阪のお得意様に、誕生日のプレゼントとしてあげる予定のものなんだ。五日後に出張で行くことになったんだけど、間に合うかな」

「では、調べてみますので、しばらくお待ちください」

田辺くんは注文のお客とよくかわされる会話をしていました。そして取り置き棚を確かめはじめました。ところが、そこにはなかったようです。

「客注簿を調べてみますので、貸してください」

と、私に声をかけてきたのでカウンターの引き出しの中から、客注簿を取って丁寧に手渡しました。客注簿とは、お客からの注文を記しておくノートのようなものです。

客注簿にあるのに、本の注文がされていないという「怪」

客注簿には、お客の注文が入ると、受けた日付、名前と電話番号、本のタイトルと出版社の名前、受けた人の名前を記入します。書店が本を注文する先は出版社ではなく、書籍専門の取次店というところになります。いわゆる問屋のようなものです。

その取次店への発注票に記入して、「ファックスＯＣＲ」を使うのですが、発注票は一枚で六件まで書けるので経費節減のために、ある程度、それにまとまってからでないと、ファックスはしません。ただしファックスを送るだけですと、注文をした本が届くかどうかは、わかりません。そのために発注状況を知りたいときは随時電話をして、ファックスでデータをとりだすようにします。

取次店から、「一冊ずつ出荷済み」、「出版元品切れ」、「○月○日重版予定」と現状を書いたデータを、こちらに自動的にファックスしてくれるシステムを利用するためです。その結果を見て、品切れの場合はその出版社へ電話をして重版予定（本ができる日）を聞き、どうしても入荷されないことが確認されると、注文したお客に電話で知らせるのです。

「申しわけございませんが、ただいま、出版社に問い合わせをしましたが、先ほど予約をしていかれました『イブリンの仲間たち』は品切れ中で、今後入荷する予定はないとのことでした」

という具合です。

データの伝票は通し番号になっているので、それも客注簿に記入しておきます。最後に発注方法（ＯＣＲ、出版社直接など）を書きます。

田辺くんの様子がおかしいと察した私は、客注簿の二週間前の日付のページを開いてみました。青木さんのところも「ＯＣＲ」と発注方法が書かれています。受けた人の名前の欄には、中村と午後からのパートの店員の名前が書かれていました。

田辺くんは、あわてて青木さんのところに戻り、

「お待たせいたしました。中村が発注していましたが、何かトラブルがあったのかもしれません。午後一時すぎには参りますので、申しわけございませんが確認をして、ご連絡をさせていただきたいのですが、よろしいでしょうか」

と、声をかけました。でも、バカ丁寧な言い方に、営業マンの鋭い勘が働いたようでした。少しドスのきいた声で、

「大丈夫だろうねぇ。本当に本は手に入るんだろうなぁ」

と、尋ねられたのでした。これは「まずい」と思った田辺くんはあえて、

「さあ、どうでしょうか、まだなんともわかりません」

と、おどけた言い方をしたようなのですが、それが相手にはカチンときたようでした。

「そんないい加減なことでは困るよ。大事なお得意様にプレゼントをすると、約束したんだから、もし遅れたら僕の立場がないじゃないか。どれだけ私がお世話になっている

人なのか知らないだろ！」

と、怒り出したのです。

「だいたいね、店員同士が申し送りをしないなんて、職務怠慢じゃないか。そんな小学生でもわかるようなこともやっていないの？　おたくの店は！　それでちゃんと仕事をしてるって言えると思ってんの。社会を甘く見すぎているんだよ」

「……」

田辺くんは急に目の前の本をガタガタと音をさせながら、整理しはじめたのです。

「その態度は何だ！」二人の声は、だんだんと大きくなってきました。

「何を言ってんだよ。悪いのはそっちだ」

私は田辺くんに任せておけば大丈夫と思ったのですが、ここが裏目に出たのです。

私は彼に近づくと、青木さんから見えないようにエプロンの結びめのところをトンと叩いて、

「何を言っているの。青木さんにきちんと早くあやまりなさい」

と、二人よりも大きな声を出してしまったのです。

「だってひどいことを言うから……すみませんでした」

と、田辺くんは不服そうに私の顔を見ましたが、「そんな顔をしちゃだめ」と、目で合

図をすると、私たちは青木さんに頭を下げました。

「申しわけありません。青木様のご意見はごもっともです。こちらが全面的に悪いのですから、間に合わなければ飛行機に乗ってでも、大阪まで行きます。そして必ずお届けいたしますから」

と、一生懸命にあやまると、

「いや、こちらもついカッとなってしまったな。本ごときでこんなに熱くなって……。でも、お得意さんに本を差し上げるのを約束したから、それを破るわけにはいかないんだよ。でも、わかった。あなた方を信じる。連絡を頼みます」

「この客注が正しく入っていますように」と願いながら

とにかく原因は、調べなくてはわかりません。

「ファックス済みの発注票をチェックしましょう。持ってきて」

私は田辺くんに発注票をもってきてもらうと、

「二週間前よね」

と言って、一枚一枚丁寧に、発注票を確かめました。でも、「青木」の名前は、どこにも見当たりませんでした。

「おかしいわね。何で青木様だけが書いてないの？　前後の人は記入してあるわよ」

「違う方法で注文したのかなぁ」

用事があって、出版社に電話をしたときに、客注簿に発注する本があれば、ついでに注文をします。このようなやり方を指しているのです。

「そうですね、中村さんは電話で注文したのに、ＯＣＲって書いたことが前にもありましたよね」

中村さんも元気のよい明るいパートさんなのですが、ちょっと、おっちょこちょいなところがあるのです。私はまたまた胃がチクチク痛みはじめました。午後になって中村さんが出勤すると、

「青木様からご注文があった『クラシックカーの写真集』は発注したのよね」

と、私はすぐさま尋ねてみました。

「はい、ＯＣＲで発注しました」

「でも、発注票に書いてないのよ」

中村さんは自信ありげに、

「そんなはずありませんよ。その日は店長からＯＣＲ分がたまっているから発注しておいてと言われましたので、すぐにファックスをしました」

私が採用したパートなのですから、信じるしかありません。そして客注簿と発注票を渡しました。

「……書き忘れたのかしら、自分で確かめてみて！」

「あら、おかしい……ですね。たしか青木様からも、その日に確認の電話がありましたので、『今日発注しましたから、だいたい二週間前後ぐらいで届くと思います』と答えました」

「不思議よねぇ。なんで青木様の一冊分だけがないの？」

私もいっしょにもう一度、丁寧に客注簿を見ているうちに、気づいたことがありました。もし、青木さんの分をファックスをしていたら、発注票の六冊目の一番最後に記入するはずでした。そこが空欄なのです。

すると、突然中村さんが申しわけなさそうに、

「あっ、思い出しました。その日はとても忙しくて客注簿にOCRと書いて、発注票に注文の本の名前を途中まで書いていたときに、ほかのお客様から本を取ってくださいと頼まれて棚まで行って、それから電話が鳴ったので応対して……、それから……それからそのまま戻してしまいました、すみません。私のミスです」

私は「やっちまった」と、心の中で叫びながら、胃のあたりから今度は異物がこみ上

げてくる嫌な感じがしたものです。

泣きそうになって、うつむいたままの中村さんに、

「すぐに出版社に電話をして、在庫があるか聞いてごらんなさい。あったら着払いですぐ送ってもらうように手配をするの。わかったの。返事は？」

「わかりました、聞いてみます」

それから一〇分もたつのに、電話をかけにいった中村さんは、戻ってきません。私は気をもんでいました。何だか心配になってきて彼女の様子を見に行くと、電話の前の椅子に座り、ゆっくりとタバコを吸っていました。

「何をしてるの。みんな心配して待っているのよ」

「なんだかホッとしたら、タバコを吸いたくなって……」

と、のっそりと答えます。

「それでどうなったのよ。一番大事なことでしょ」

(この人は仕事をやる気があるのだろうか。私のパートの採用が間違っていたのだろうか……)

私はヒステリックに声をかけました。

「大丈夫でした。注文はできました。みなさんには、本当にご心配をおかけしました」

そう言うと、タバコを再び口にくわえて煙を吸い込むと、ハッ～とはいたのです。

「まだ終わってないのよ。タバコなんか吸っている場合じゃないでしょ。青木様にあやまりの電話をすぐにさしあげてよ。それがあなたの仕事でしょうに。それにどんなにみんなが心配したと思っているの」

働く人たちの「報告・連絡・相談」を円滑にするために申し送り用ノートを用意

私は中村さんが受話器を持ちながら、姿が見えない相手に、ペコペコと頭を下げている姿をぼんやりと眺めていました。

「間違いをなくすにはどうしたらいいのだろう」

これからもアルバイトやパートに仕事の指示をしながら、仕事をしていかなければなりません。本当は社員を増やせばいいのですが、人件費の問題もありますし、それはできません。そのためにはどうすればいいの……。ずっと考えていたら、発注票に記入をしてから、客注簿に、「ＯＣＲ」と書くように徹底すればいいのかもしれないというアイデアが浮かんできたのです。まずは、これを試してみようとひらめいたのです。

さらに毎月一回、本社で開かれる店長会議では、「客注でミスを招かないために」というテーマを取り上げてもらいました。どのお店でも、お客様のクレームが一番多いのが、

「注文品がなかなか届かない」という共通点があるのもわかりました。さらにここでも、店長たちの間で意見交換をしました。

たとえば、店ではアルバイトとパートの店員だけで働く時間もあります。そのうえバラバラな時間帯なのですから、連絡事項を伝えるのも大変なことです。でも、書店の仕事の流れとすべての内容をきちんと把握するには、半年はかかると言われています。この受注の受け方がその代表です。

店としてはネットを使うと、在庫整理がひと目でわかるので利用したいのですが、ランニングコストがかかるので、本部としては検討中であるとの回答もありました。

私は会議の中で、トラブルを回避するためのいろいろなヒントをもらいました。早速、店に戻ると、店員同士の「申し送り用の連絡ノート」を、用意しました。内容は申し送りだけではなく、個人的な質問やお客様との楽しい会話なども書き込んでいいルールにしました。

出勤時間がずれてなかなか話ができない店員同士も、連絡帳を通じて仲間意識が出てくればいいと思ったからです。また、店長である私への要望や気がついたことも書いてくれるようにお願いしました。

あれから二週間。ノートにはパートさんやアルバイトさんの本音が綴られています。

その中に「店長はいつも説明不足。一人で仕事を進めてしまうように思います。もう少し、きちんと指示してくれませんか」

と書いてありました。私は痛いところをつかれました。

この気配りが大切です！

教訓1　「やりかけ帳」で段取り上手になる

商売は「お客様第二」です。ですから、お客から声がかかれば、その要望に応じることを優先しなければなりません。相手から「本をとってほしい」と頼まれれば、発注作業を中断しなければならない事態もしばしばです。人はほかのことに気をとられると、今までのことを忘れることがあります。それが仕事のミスを招くのです。

この事例では、本の発注を忘れてしまいました。その改善策として、ここではみんなで使用する「申し送り用ノート」を作成しました。

でもこのほかに個人の仕事のミスを阻止するには、「やりかけ帳」のようなノートかメモ帳を作成し、「青木様の発注を行う」と書くのも方法として考えられます。このメモ帳を定期的に確認する癖づけをすれば、万が一、大事な仕事を忘れてしまったとしても、思い出すきっかけになります。

教訓2　仕事を教えるときは、指導者がやって見せることが大事

多くのパート、アルバイトが働く職場では、コミュニケーションの取り方に工夫が必

要です。たとえば、仕事を教える場合には、まずは何でもやって見せること。情報の約八割は目から脳に伝達されると言われますが、お手本があると仕事のやり方が正確に伝わりやすくなります。

また、彼らは仕事の経験が浅いのですから、仕事は一度に教え込むのではなくて、五段階ほどに分けて教えていくことも大事です。仕事を覚えてもらうのに、時間がかかりそうですが、ミスを防ぐには効果大です。結局は、店のためになります。

店長はパート、アルバイトに仕事の指示をするときは、「どう話しをするのか」よりも、「どう伝わるか」を考えて言葉選びをしたり、説明方法を考えると、真意が伝わりやすくなります。

教訓3　お客のために全力を尽くしている姿勢を示す

クレームに対して、お客がどうしてほしいと思っているのか、その反応を見落としてはいけません。あなたが的はずれな提案をすれば、相手をますます怒らせます。

このケースでは「期日を守ってほしい」という要求に、「いますぐ状況をお調べします」と答えて応じたのは、とてもいいことです。さらに、「お時間は大丈夫ですか」を加えると丁寧になります。

ここでは、本の在庫状況がすぐに把握できなかったのですが、それに対して、「申しわけございませんが、確認をしてご連絡をさせていただきたいのですが、よろしいでしょうか」とお詫びをしています。しかし、これだけでは言葉が足りません。ぜひ、「手を尽くしますので」のフレーズを添えてみましょう。たとえば、「手を尽くしますので、もうしばらくお時間をいただけますか」という具合です。

教訓4　店長は部下が失敗したことを改善するまで見届ける

店長は客注品が間違って売れてしまったことで、その手配をするために外出しました。これは最もしてはいけない行動です。アルバイトは仕事でミスをおかして、自信を喪失しているのですから、再び何らかの過ちをおかす危険性があります。

この書店はチェーン店ですし、このあたりはきちんと本部から教育されているのでしょうが、一つのことに熱中するタイプと見受けられる店長は、自分が飛び出してしまいました（熱中タイプだから、店の売り上げを上げる力があるのでしょうけど）。

このようなときは、アルバイトに的確な指示を出して、自分が店の仕事をするようにしましょう。本が見つかっても、見つからなくても、アルバイトから必ず電話を入れてもらうようにすれば、そのあとの処理もスムーズにいきます。

第4章

「お客様は神様」を盾に知恵を使うクレーム客の図々しさに唖然

黙って聞くから相手の図太さがエスカレート。本当は反撃も大事

クリーニング店

安物のブラウスが二万円の弁償金に化ける
誰が本当のことを言っているのか、その真相は闇の中

石田　由美子　45歳【パート】
子育てがひと段落。パートを始めて10カ月。
「20年ぶりの社会復帰で出会った人達には、驚かされています」

「人は見かけによらぬもの」とは、外見ではその人の能力や本質は見抜けないという意味だったと思います。でも、四〇歳も半ば過ぎてこの言葉のニュアンスを実感するなんて、考えてみたこともありませんでしたね。

私は二五歳で結婚し、あとは子育ての毎日。末っ子の三女が高校生になり、一人の時間がもてるようになったので、自宅から自転車で二〇分ほど離れたところにあるクリーニング店のパートに出たんです。ウン十年ぶりに働いてみたら、驚くことばかり。世の中には、ずる賢い人がいるってことを知ったのですから……。別にお客さんの悪口を言っているんじゃないんですよ。本当のことです。

とにかく外見では、その人の中身（本質）までは、よくわからないというのを勉強し

ました。これは主婦でいれば、実感できなかったことです。

私が体験したトラブルは、五〇歳前後のご婦人、田村さんと一枚のブラウスを通して繰り広げられました。

田村さんは私が働く店の裏手のマンションに住んでいるのですが、そのマンションは、バブルのときは七、八〇〇〇万円はしたというわさです。いまではどんどん土地の値段が下がり、その価値も相当下がったから、当初から住んでいる人は「口惜しいでしょうに」と働きはじめたころ、パート仲間の町田さんが教えてくれました。田村さんは、その第一期入居者の一人だそうです。

マンションのお客さんは、わりあい裕福な人が多いこともあって、うちの店にとっては、かなりの上客ばかりです。特に最上階に住んでいる田村さんは、一週間に二、三度は利用してくださるかなりのお得意さんです。

この日、いつものように愛犬チワワのハット君を抱いて店に向かってくるのが、入り口のガラスを通して見えてきました。ハット君という名前は、何でも毛糸の帽子が大好きでいつもくるまっているので、「ハット」ということだそうです。ちょっと田村さんのお高くとまったところが気になりますが、気さくなところもある奥さんで、おおむねいい人だと思っていました。

確かに預かったのに、シルクのブラウスが一枚見つからない!

ある日、田村さんの本性を知る大事件が勃発したのです。私がここに勤めはじめて約半年後の、年も押し迫ったころでした。

「お待ちしていました、田村さん。できあがっております」

奥のケースから田村さんのコートとブラウスを持ってきて、カウンターの上で丁寧に広げて、汚れが落ちているかのチェックをしました。白い木綿のブラウスを見ながら、

「あら、どこかに口紅がついていたって、おっしゃっていらしたわねえ。でも、どこだったのかわからないくらいキレイになってるわ。さすが、プロはすごいわぁ」

「ありがとうございます」

私は安堵しました。そして田村さんが差し出した預り証と照らし合わせてあがってきた洋服の点数を確認すると、なんとブラウスが一枚足りません。また奥の保管ケースに探しに行きましたが、見当たりませんでした。焦っておろおろする私の姿を怪訝《けげん》そうに見ていた田村さんは、

「どうしたの、見つからないの。何かあったの」

と、ねちっこく尋ねてきます。

「それが……。お預かりした三枚のブラウスのなかで、黒の絹のブラウスがどこにもないのですが」

「やっだ〜、あなた。あのブラウスが一番高いのよ。『清水の舞台』から飛び降りたつもりで買ったんだから。ね、ね、早く探して！　お願いね」

「は、はい。少々、お待ちください」

私はもう一度、台帳を調べましたが、間違いなく店に届いているというチェックがされています。店にあるはずのものがない。どうしたらいいのか見当もつきません。

町田さんもまだ、午後からのパートに来る気配がありません。

「こうなったらできることを片っ端からやるしかない」と決心した私は、とりあえず工場に電話して工場長に尋ねてみることにしました。

「すみません。本町店の石田ですけど、黒の絹のブラウスが一枚見当たらないのですが、そちらに残っていませんか」

工場長は、会ったことはありませんが、とても面倒見のよさそうな人で、用事があって電話をかけると、いつも丁寧に応じてくれます。

「残ってないなぁ。そっちにもなくて、うちにもない。そうなると本店に間違って配達しているかもしれないから、電話して聞いてごらんなさいな。電話番号はわかるよなぁ」

「はい、ありがとうございます」

早口でお礼を言うと、工場長の指示通り、すぐに本店に電話をして、探してもらいましたが、やはり「ない」というむなしい返事でした。

店先で待っていた田村さんは、私のバタバタとしている様子を見て、だんだんイライラしてきたようです。

「いったい、いつまで待たせるつもり？　これじゃ日が暮れちゃうわよねぇ。ハット君」

さきほどよりも、さらにねちねちした言い方です。私は急に頭がガンガンと痛みはじめ、爆発しそうになっています

「しょせん、あなた一人じゃ無理なのよ。誰かを呼んできなさいよ。えっ？　いつもいる人はどうしたのよ」

もう泣きたい気分です。

（こっちが必死で探しているのに、その態度はないだろうに）

でも、口では、

「すみません、もうすぐ町田が参りますので、そうしましたら一緒に探しますから」

と、頭を下げました。頭が痛みます。上まぶたまで、ピクピクしてきました。

「いいかげんにしてよ、それまで待たせるつもりなの。あなたの考えにはあきれちゃうわ」

ちょうどそのときに、本店から、心配だったのか電話がかかってきました。

「どう、見つかった？　あ、そう、ないのね。う〜ん、じゃあ、田村さんのすぐ前にクリーニングを取りに来たお客様に間違って渡した可能性はないかな。一度電話をして聞いてみたほうがいいわ」

何か早い解決法はないかと考えて、一つのアドバイスをくれたのです。いじわるに考えれば、店の信用問題にかかわるからと連絡をくれたのかもしれませんが、それでも気にしてくれていたことに、感謝しました。

「はい、わかりました。そうしてみます」

すぐに台帳を開いて、田村さんのすぐ前に取りに来た人に電話をしてみました。

「赤坂様ですか。クリーニング・マーメイドですが、先ほどワイシャツ四枚とスラックスを取りにいらしていただいたときに、大変失礼ですが、余分なブラウスが一枚入っていませんでしたか」

赤坂さんはちょっと迷惑そうに、

「いや、余分なものはありませんよ。さっきちゃんと確認してから、タンスにしまったばかりです……」

「そうですか。ご面倒をおかけしました。ありがとうございました。またよろしくお願いします」

がっかりして電話を切った私の姿をみて、とうとう田村さんの怒りが爆発しました。

「何してるの！　それに余分のものとは何よ。馬鹿にするのもいい加減にして」

「あ、はい、本当にすみません」

たしかに失言でした。いますぐ逃げ出したい気分です。

（パートなんかするんじゃなかった。もうパート代なんかいらない。もうどうなってもいい……）

時間ばかりが、むなしく経っていくのですが、でもまったく解決策が見つかりません。しようがありません。このまま、田村さんに店で待っていてもらっても埒《らち》があきません。

今日はとりあえず、帰っていただくことにしました。

「まことに申しわけございませんが、もう一度探してみますので、今日はお帰りいただけませんでしょうか。見つかり次第、ご連絡を申し上げますので……」

田村さんもここにいても、これ以上発展がないと思ったのか、

「明日までに見つけてよね。必ずよ」

「はい、承知いたしました。ありがとうございます」

ぷんぷん怒って去っていく背中を見送りました。その姿が見えなくなったところで、私はその場にへなへなっと座り込んでしまいました。

白いブラウスについた口紅のシミに気がいったばかりに……

今回の事件のはじまりは、三日前までさかのぼります。私のちょっとした気のゆるみから、すべてがはじまったのかもしれません。その日は、実はほかにもトラブルにつながるできごとが、はじまっていたのです。

朝、例によって田村さんがチワワのハット君を右手で抱いて、洗濯物の入った紙袋を左手にさげて入り口から入ってきました。

「いらっしゃいませ、いつもありがとうございます」

紙袋をカウンター越しに渡しながら
「今日は重かったわ、ねえハット君」

チワワの頭をなでながら、私に話しかけてきました。袋の中は、あざやかなスカイブルーのコートとブラウスが三枚入っていました。私はカウンターの上に広げながら、

「きれいな色のコートですね」

「そうなの、大のお気に入りだから大切に扱ってね」

「はい、かしこまりました。それでは一緒に確認をお願いします、ポケットのお忘れ物はないですね」

田村さんは、ハット君をなでながら、

「大丈夫よ、家を出るときに調べたから」

と、袋の中身を気にしていない表情です。

「めずらしいデザインの『飾りボタン』ですね」

「そう。そうなのよ。このコートは、どっちかというと、ボタンが気に入って買ったのよ。でも、けっこう安かったのよ。三〇万円くらいだったかなぁ」

さらっと、値段を口にしたのです。

私は「はい、そうでございましたか」

と、そのまま田村さんが言ったことをおうむ返しをしながら（いったい私のパート代の何カ月分だろうと思っていたのですが……）、そのまま続けて、

「ほつれは、ございませんか」

と、袖口部分を見ながら、丁寧に尋ねると、

「ないわよ。ねえ、それよりも時間がないからもういいわ。とにかくあとはお任せするから。出かけるところがあるから頼むわ」

と、急に慌てた様子です。

「はい、わかりました」

と、そのリズムに私も合わせました。そして、急いでレジのところで、

『今日の日付、洋服の種類、値段、仕上がり日』を機械に打ち込みながら、

「ではブラウスはこちらで点検いたします。何かございましたら、後でご連絡いたします」

と、急いで報告したのです。

「いいわよ。あらま、ハット君、こんなところで時間をくっちゃったわね。ごめんね。よしよし」

感じが悪い応じ方でしたが、あくまで相手はお客さん。気を取り直して私は、田村さんに預かり証を渡しながら、

「ありがとうございました。三日後にはできあがっております」

「じゃあね、ハット君、行くわよ」

でも、田村さんは、デリカシーがないところもありますが、一〇〇%私を信頼してく

れているから、すべてを私に任せてくれているのだと考えるようにしました。

「ありがとうございました」

田村さんを見送ると、その後、私は三枚のブラウスを順番に広げて、破れやシミがないかどうかを確かめていきました。最後に確かめた白い木綿のブラウスの右袖に、赤い口紅がついていたのを見つけたのでした。シミや破れ、色落ち、ボタンなしなどがあるときは本人の了解がないと、洗濯工場に回せないのです。

確実にあとでトラブルになるからです。すぐに田村さんの家に電話をしましたが、誰も出ませんでした。おそらく、買い物にでも出かけたあとだったのでしょう。あとでもう一度、お宅のほうに連絡をしなければなりません。忘れないようにポストイットにメモを書いてカウンターの隅に張っておきました。

「今日は冷えるわね、雪でも降りそうよ」

もう一人のパートでベテランの町田さんが遅めの昼食を終えて戻ってきました。

「お待たせしちゃったわね、おなかがすいたでしょう。どうぞ昼食に行ってらっしゃい。何か伝達事項はある？」

「はい、実は裏のマンションに住んでいる田村様からお預かりしたブラウスに、口紅がついていたのですが、まだ了解を取れないので工場に配送できないんです。これなんですけど」

「田村様ね、あとで忘れずに連絡してあげてね。じゃあ、行ってらっしゃい」

まだ、一人だとわからないことが多く、緊張しながらの応対です。そういえば、けさは家を出る前にベランダの掃除をしているうちに、時間がなくなってしまい、朝食代わりにあわててバナナを一本食べてきただけでした。

ところが町田さんに店を任せて昼食に出かけようとしたときです。もうひとつのトラブルの種がやってきたのです。

「これ、頼めんかいなぁ」

池袋の建設会社に勤めている得意客の宮部さんが、段ボール箱を抱えて入ってきました。私の目の前にその箱を置いたので、外に出るのをあきらめてふたを開けてみました。するとそこには黄色、赤、緑の派手な色の布地が入っているのがパッと目に飛び込んできました。

「わあ、これはなんですか」

中には、季節はずれの浴衣が入っていました。

「会社の忘年会で使うんだけどさ」

「宮部さんが着るんですか」

「いや、まあ、そうなんやけど、実は、女性社員と踊るんだ」

宮部さんは、恥ずかしそうに照れ笑いをしました。

「浴衣だと水洗いだから、一週間はかかりますけど。よろしいですか」

宮部さんは、ぎょっとした様子で、

「ええ、ホント、そんなにかかるの。間に合わんなぁ。六日後のお昼にはほしいんだ。本番はその次の日なんだけど、リハーサルがあるからなぁ。何とかしてくれんかいなぁ」

「でも、決まりですから……」

町田さんは、私たちの会話を耳にして助け船を出してくれました。

「洗濯工場に電話をして、工場長に頼んでみますね。直接頼めば、なんとかしてくれるかもしれないから」

洗濯工場は、このクリーニング店の本社の隣にあります。私がいる支店は、取次店なので、受付だけをしています。お預かりする衣類や布団類などのチェックをしてから、汚れなどのまわりをマーキングします。あとは洗濯方法に分けて仕分けをして置いておくと、配送担当者が回ってきて洗濯工場まで運んでくれるのです。

ところで、工場に電話をすると、とても忙しそうです。でも勇気を出して、

「すみません。お世話さまです。本町店の石田ですけれど、浴衣をお持ち込みのお客様がいらして、急ぎで頼まれたのですが、綿ですから水洗いですよね。普通、一週間はかかるのはわかっているんですが、なんとかなりますか」

大型の洗濯機がブーンと音を立てて回っているのが、聞こえてきます。そんな騒々しい音の中、電話からちょっと離れたところで、工場長が従業員と大声で話しているようです。やがて、

「いいよ、受付ＯＫだよ」

「よろしくお願いします」

私は、ホッとしました。この店はいつも、何かあると直接、工場長にお願いすることが多いのです。宮部さんに、間に合うことを告げると、うれしそうに伝票を受け取り、そそくさと帰っていきました。私が宮部さんから預かった箱の中の浴衣の整理をしようとすると、町田さんが、

「ご飯を食べてきてからでいいわよ」

と、優しく声をかけてくれました。私はその言葉に甘えて出かけたのでした。

私は昼食を終え、店に戻ってくる途中で田村さんがマンションに入っていく姿を目にしました。大声を出して呼び止めるのも失礼だと思い、店から田村さんに電話をしまし

た。

「お世話になっております。クリーニング・マーメイドの石田です。本日、お預かりした白い木綿のブラウスに口紅がついていたのですが、シミ取りはいかがいたしましょうか」

「シミ？　そんなのなかったわ。出す前に、私、調べたんだから」

「あの、右袖なんですけれど……赤い色の口紅です」

「ここでいい争っても仕方がないわね。わかったから、きちんと口紅をおとしておいて！」

「申しわけございません。今後は、すぐにチェックをいたします」

やはり、シミなどはお客さんと一緒に確認をしないと、迷惑をかけることになります。電話を切るとすぐに台帳に記入をして、シミをマーキングすると、タグをつけて仕分けの箱の中に入れました。そして続いて宮部さんから預かった大量の浴衣の仕分けにスピーディーに取りかかったのでした。お昼で作業が遅れた分を取り戻したいと思ったからです。

（やれやれ、働くのは楽じゃない。でも、どうにかすべての仕事が終わってよかった）

こうやってその日、トラブルの芽が育ちはじめていることなど、私は知る由もありませんでした。

弁償金で「ブラウス紛失事件」はスピード解決。でも納得できない！

さて、話をブラウス紛失が発覚した日に戻しますが、田村さんが怒ってお帰りになった一時間後、町田さんが出勤してきました。田村さんのブラウスが紛失した事情を話すと

町田さんは、

「最悪はお金で解決することもあるんだけどね……。もう一度、今日一日店内を探してみて見つからなかったら、本社と相談して弁償するようにしましょうよ」

と表情を曇らせながらも、やさしく声をかけてくれました。

閉店後も二人で店内をくまなく探してみましたが、そのかいもなく見つかりませんでした。やむを得ません。明日、田村さんに電話して謝り、解決に向けて私が、交渉するしかありません。この夜、ふとんに入ってからも、翌日田村さんに会ってお詫びしなければならないことを考えると、昼間の彼女の陰湿な表情が目の前をちらついて、なかなか寝つけませんでした。

次の日、足取り重く、店に出勤すると気持ちが沈んできました。覚悟を決めて、電話

のプッシュホンを押す手も小刻みにブルブルと震えていました。

「お世話になっています。クリーニング・マーメイドの石田です。昨日は大変、失礼いたしました」

（電話は出だしが大事。あえて、大きな声を出そう）

でも、内心は田村さんの返事をとても恐れていました。

「あら、あったの。よかったわ」

「それがその……」

「まあ、なかったのね。なくしちゃったのね……。で、どうするつもりなの？」

私は、これからも見つからないのがわかりながらも一応、

「もう少し、お待ちいただくわけには行きませんか」

と、お願いしました。

「あれを？　あした着たいんだけど。今日なければ、もういらないわ」

田村さんは私の申し出をつっぱねました。

「では、まことに申しわけありませんが、当社の規定を適用して、対応させていただきますので……」

「それって、弁償していただけるってことなの？」

「はい……」

こういう場合に会社の規定では、まず、いくらで購入したのか、それはいつのことだったか、メーカーはどこかなどをお客様から伺います。そして、本社の社員かあるいは工場長が、その洋服の製造メーカーや販売店に問い合わせて、おおよその金額を確かめ、「クリーニング業組合」が作った公式にしたがって、金額を算出します。そしてお客さんと支払い金額を決めます。

ただ、実際は相手の購入額もメーカーもわからない場合が多く、ほとんどの場合、相手のいい値になるのが常です。お客さんに言い張られれば、仕方がないことなのです。

こうして、田村さんとの交渉は無事に終わり、「二万円」で決着しました。やはり、田村さんのいい値でした。もちろん私が自腹で払ったわけではありませんが、口惜しく感じました。ブラウスにマーキングをした後の私の記憶が定かではなかったからです。宮部さんから預かった浴衣の仕分け作業をしたことは、きちんと覚えているのですが……。だからミスをしたのは私が原因だと、心のどこかで思っていたのです。悔やんでも、悔やみきれない気持ちでいっぱいでした。

すっきりはしなかったものの、とりあえず問題が解決したと思い、やれやれと思っていたのに、その二日後に、もうひとつのトラブルが起きました。ていねいに仕分けを行ったあの浴衣の件です。

宮部さんが、商品を引き取りにこられたのに、その日の朝の便では、まだ浴衣が工場から届いていなかったのです。

「すみません。工場に問い合わせをして、できていなかったら、特急で今日中にやってもらいます。こちらに届いたら、すぐにご自宅のほうへお届けします」

「なんだって！　しょうがないなぁ。でも、まあいいか。あんたのその誠意に免じてやるよ。そのかわり、届いたらすぐに電話をちょうだいよ。俺がとりにくるからさぁ」

「はい、承知いたしました」

今週はついてないと思うと、ため息がもれました。

その日の午後のこと。例のブラウスですが、新しい展開がありました。

田村さんのブラウスのことで問い合わせをした赤坂さんが、小さな紙袋を持って現れたのです。

赤坂さんは、私の顔を見ると、申しわけなさそうに、

「この間の電話であなたが言っていたブラウスってこれじゃない？　うちのものと一緒にたたんでタンスにしまっちゃったみたい。あんまり薄いんで気がつかなかったわ。でもね。私、こういうのくわしいのよ。言っちゃあなんだけど、タグに書いてあるメーカ

ーも聞いたことないし、シルクの質も悪いわ。相当、安物ね。まあ、関係ないけどね。とにかくごめんね」

いまさら、という気持ちがあったので、

「ああ、そうですか」

とつい口走ってしまいましたが、せっかく、好意で持ってきてくれたのです。いけないと思って気を取り直し、

「わざわざ、どうもありがとうございます」

と、丁寧にお礼を言いました。

早速、田村さんに連絡すると、

「もういらないわ、もう弁償金を使って新しいのを買っちゃったし……、そちらで処分して」

「これが金持ちの正体なの？」と、私はいじわるな気持ちになりました。

数日後の午後、店の前に咲いているミニシクラメンにジョーロでお水あげていると、田村さんと同じマンションに住むおしゃべりで有名な鈴木さんが通りかかりました。私は彼女のことを密かに「ＣＩＡ」と呼んでいます。この地区で起こったいろいろな情報を逐一、教えてくれるのです。

「おはようございます。お出かけですか」

鈴木さんが立ち止まり、ちょっとした世間話をしたあとに、

「ねえねえ、そういえばきのうね。うちのマンションの田村さんが、今度、新しくできた駅の反対側のクリーニング屋さんに入るのを見たわよ」

と、周りをキョロリと見回したあとに、小声で教えてくれました。

やっぱりね、この二日間、来ないと思ったら、そういうことか。

まだ、怒っているのか。それとも店に来づらくなったか。気にしなくてもいいのにとも思いました。でも、本音を言えば、その日は、穏やかに過ごせそうな予感がしたのでした。

この気配りが大事です！

教訓1　お客と親しくなったからと油断しない

クリーニング店や美容院などは、継続して利用してくれるお客が多いですし、利用頻度が高いのが特徴です。そのため、知り合ってからわりあい早い時期に、お客と店員が仲良く会話をかわすようになります。

お互いが親しく会話ができる関係になるのは、とてもいいことなのですが、立場が異なるのですから、お客と店員というお互いの距離をうまく保つことも忘れてはいけません。これが長くつきあうコツです。

教訓2　「できません」ではなくて「いたしかねます」を使う

わがままなお客には、振り回されないことが大事です。相手のペースに巻き込まれて右往左往すると、冷静な判断ができません。さらに、強引なお客であれば、こちら側に非がなくても、ついその迫力にのまれてしまい、言いなりになってしまう危険性もあります。

相手の要求がのめないときや反論したいときは、言葉遣いに気をつけます。「できない」ではなくて、「いたしかねます」という言い方を覚えておくと便利です。また、前置きにクッション言葉を添えると、さらにやんわりしたニュアンスで相手に気持ちを伝えることができます。たとえば、「申しわけございませんが、そちらの件はいたしかねます」という具合です。

教訓3　人にお願いをするときは、「恐れ入りますが」で切り出す

人にお願いをするときは、唐突に用件は切り出しません。このときもクッション言葉の「恐れ入りますが」で、相手の貴重な時間をさいてもらうことに恐縮している気持ちを表します。

このケースで言えば、田村さんの前に受付した赤坂さんに電話をかけていますが、このようなときに「恐れ入れますが」を使います。このほかにも「お忙しい時間に」「貴重なお時間を」「○○様に頼ってしまい恐縮ですが」「唐突なお願いで恐縮いたしますが」などもあります。

どれを使うにせよ、相手に協力を依頼しているのですから、相手をたてた話し方をしましょう。あなたはブラウスが見つからないために、あわてているとはいえ、突然相手の大切な時間に割りこんだのですから、強引な言い方は慎むようにしましょう。

教訓4　お客の言いたい放題をストップさせる

言いたい放題のお客に困ったときは、周りの環境を変えることで、その勢いが静まるときがあります。特に、田村さんのように、うるさいお客には注意が必要です。ブラウスを探している間、ずっと受付で立ってもらっていましたが、これは問題です。ある程度、処理に時間がかかることが予想できるのですから、「どうぞ、おかけください」と椅子を勧めてみましょう。

お客用の椅子がなければ、店員が普段、使用しているものでもかまいません。このときは、「私どもが使っております椅子ですが、よろしかったらどうぞおかけくださいませ」と言いましょう。

また、問題解決が長引きそうであれば、「お時間は大丈夫ですか。お調べするのに五分ほどかかりそうですが、お待ちいただいてもよろしいのでしょうか」と、相手の都合がどうなのか、その気持ちを尋ねるようにします。

市役所

狭い道路を道幅いっぱいで歩くとは何だ
市民の迷惑を考えない市役所職員にもの申す

加納　恭介　41歳【市長】
弁護士を辞めて、市長に立候補。5カ月前に初当選。
「『行動あるのみ』をモットーに頑張っています」

「突然のメールを失礼致します。加納市長は、『市民満足』を第一にお考えになり、市政に携わっていると伺っております。それで思い切ってメールをお送りすることにいたしました。ズバリお伺いしたいのですが、市長は保育園の子供たちの昼食代やおやつ代がどんどん削られている状況を、どのようにお考えなのですか。これが『市民の生活を豊かにする。満足できる市政』と言えるのですか」

というメールが保育士をする女性、長島さんから私のもとに送られてきたのは、一カ月前のことでした。

それは「市が保育事業の予算を減らすことをほぼ決めたようで、まもなく通達があると園長から聞いた。保育園経営を考えたときに、決して資金的に余裕があるわけではな

いので、今回は子供の一人当たりの昼食代とおやつ代から、月々一〇〇円カットすることで対応したい」という内容だったというのです。
「そうでなくても、昨年は、職員の給料がカットされたばかり。今度は子供たちにまでしわ寄せがきている。職員たちの士気が落ちるのもしかたがない。このままいくと子供への保育にも大きな影響が出る」という内容がこまごまと書かれていたそうです。
ところで、私は住民のことを第一に考えた市政を行うと断言して立候補し、そのバイタリティーを認められて五カ月前に、めでたく市長に初当選しました。
まず、最初に行ったのは、市が制作しているホームページに「市長へのお手紙コーナー」

を作り、市民とのメールのやりとりをはじめました。このお手紙コーナーは思ったよりもアクセス数が多く、市民からのさまざまな意見、クレーム、お礼などが送られてきています。長島さんからの手紙もその中の一通でした。

私は、前市長とはまったく性格が異なると秘書から言われています。こういっては何ですが、前市長は細かなことは市議任せ。自分は市の代表として公の場を取り仕切ることに力を注げばいいという人だったようです。

私は自分でいうのも何ですが、熱血タイプです。U市を全国一、住みやすい町にするために自らが積極的に市政にかかわると宣言した通りに、どんな細かな仕事にも目を見張り、工夫が必要であれば、改善策を練っていこうと心に決めています。ですから、近くにいる人は、私を口うるさく感じることがあるようです。市議や職員の一部からも少しけむたがれる存在であるのも感づいています。

ところで私はこのメールを受け取って早速、保育園の現状を知るために、「視察に行きたい」と担当者に伝えました。このような視察を行うとなると、職員は段取りが大変なようです。普段の業務に加えて、仕事が増えるからです。

この段取りで苦労したのは私の秘書だったようです。私は、おおまかな説明はしたのですが、職員たちとこまかなことを連絡したり、調整をするのは彼女に任せましたから……。でも彼女なら大丈夫です。しっかり者ですからね。ところで、職員の一部からは「日々、忙しい業務に追われているのに、なんで余計な仕事を増やすんだ」とブツブツ言われているというのも私の耳に入ってきました。でもどうしても私は「保育園視察」を通して、保育士さんたちから保育現場の現状を聞きたかったのでした。

その後、私は「市として保育事業にどう取り組むか」を考えるために、「ストレート会議」を開いて、視察で感じた改善策の具体的な方法について話し合っています。この会議ですが、いままでの市の慣例となっていた面倒くさい手続きをとらずに、市長の権限で、必要に応じて役所の担当職員たちを招集して、問題点の解決策を本音で考える会議として発足しました。

一二時一分に昼食に向かう職員さんよ、まじめに仕事をやってるの?

数週間前に私のもとに届いたメールは、市役所職員のマナーの悪さを問うものでした。市役所の周りには商店街に続く近道があるのですが、そこは車一台通るのがやっとの細い道路なのです。メールは、そこの近くに住む高橋さんからのもの。

「市長がこのメールを読んでくださるというので、初めてお送りしています。私は山下三丁目に住む高橋です。前々から思っていたことなのですが、あの職員さんのマナーの悪さは何ですか。私の家の前にある道路は狭いのですが、毎日、一二時一分ごろになると、職員さんが道いっぱいになって歩いています。多分、お昼に出かけるためだとは思うんですが、いい大人が他の通行人の迷惑を顧みず、横に広がって歩いているんですよ。市長さんは知っていらっしゃるのですか。

私が自転車でここを通るときなんかは、『すいません。道を通してください』とお願いしないと、まったくどいてくれない状況です。それが、一部の人だけではないのです。何人もいるのですからあきれてしまいます。そのうえ一二時のチャイムが鳴ったばかりの時間に、この場所にいるのも不思議です。市役所からここまで、どう歩いても三分はかかると思うんですけどね。職員さんたちは、まじめに仕事をやっているんですか。

それからこの前なんか、爪楊枝《つまようじ》をくわえて食堂から出てきた男性職員さんが、ポイッと道路の脇にそれを捨てているのを目撃しました。私たちの税金があんたたちの給料などに使われていると思うと、本当に腹が立つばかりです。いったいどんな教育をしているんですか」

これにも私は激怒。早速、「ストレート会議」を開き、風紀委員を作って職員のマナー研修を随時行うようにしたのです。

住民と職員が怒鳴りあう現場を目撃

ずいぶんと役所内の雰囲気も変わってきていますが、この前は窓口で職員と小柄な女性が大声で怒鳴りあっているところを偶然に目にしました。すぐに、「ストレート会議」を開いて、担当者たちを集めて、改善策を決めました。

この怒鳴りあいになったそもそものきっかけは、あるアジア人女性が、かかわっていました。彼女は窓口でビザに必要な書類を申請するために、住民票などの手続きをしていたようなのです。ところが、申請書はきちんと指示された通りに書いたのに、一時間たっても職員から名前を呼ばれないので、椅子に座ったままでもじもじしていたのです。

何となく様子がおかしいと気づいた日本人女性が英語で、「どうしたんですか」と尋ねると、「ずいぶん前からここにいるのですけど、職員さんが何も言ってくれなくて困っている」と相談を受けたのだと言います。

それを聞いた正義感の強いその女性が、窓口の担当者に怒鳴っていたのです。

「あなたたちね。かわいそうじゃない。どうして一時間もこの女性を待たせるの。日本語が上手にしゃべれないことをいいことに放っておいたんじゃないの！　思いやりっていうものがないのかしら？　なんで住民のために親身になれないのかねぇ」

「えっ、そうですか。さきほど名前を呼んだんですよ。それでも返事がなかったものですから……」

「えっ？　でも、彼女は聞いてないから待っているんでしょ」

「そんなはずはありません！」

「何なのよ。その口の利き方は！　そんな調子なら、呼んだというのも気のせいじゃないの？　彼女は名前を呼ばれていないと言ってるんだから、私は彼女を信じるわ。とにかく人を待たせたんだから、すぐにここで謝りなさいよ」

「その言い方はひどいんじゃないですか。そんな言い方をされてまで、何で私が謝る必要があるんですか」

「自分のことを言われるとカチンと来るようね。でも、あなたがそんな生意気だから、こちらの女性も遠慮しているのよ。とにかく謝って」

「……」

このようなバトルがあったのです。

その様子を見ていたほかの職員がこのままではまずいと思って仲介に入り、職員が女性二人に丁寧に謝って、ことはおさまったようでした。偶然、近くを通りかかった私はこの場で仲裁に入りはしませんでしたが、この様子は見ていました。男性職員には、女性が指摘した通りに横柄なところがありました。

でも、この女性も言いすぎです。この職員は本当に女性の名前を呼んだかもしれないのに、全面的に否定されたうえに、うそつきと言われたのですから。まあ、その声が小さかったのかもしれませんが……。ある面、彼にとっては「いいがかり」にも聞こえたのでしょう。お互いに反省すべき点があるとはいえ、私は問題意識を感じたので、すぐに会議を開きました。

そして「ストレート会議」では、これからは外国人に応対をするときは、大きな声でゆっくりと名前を呼ぶこと。一回で返事がなくても、五分間隔で名前を連呼することなどを決めました。そして笑顔を忘れないことです。そして日本人に接客するとき以上に、親切にすることを決めました。

もちろん、男性職員には、女性が暴言を吐いたが、彼女の主張の中で正しい部分もあるのを諭したのでした。

新市長になったときは、仕事の進め方が強引だとか、市役所の慣習を守っていないと批判する内部からの声もあったのも知っています。でも、最近は市民のほうに目が向いている私の姿を見て、指示する職員も現れてきています。

窓口に「職員さんの応対がよくなった気がする」と、市民の声が届いていることも大きいのかもしれません。

そうは言っても、私のメールには、市役所に対しての厳しい意見などは相変わらず届いていますが……。でも、常に前向きに、一つひとつ問題を解決して、もっと住みやすい町にしたいと思っています。

この気配りが大事です！

教訓1　相手のリズムに合わせて機敏に行動する

市役所は、「市民に役立つ所」と書くのですから、サービス業という考え方が必要です。どうも市役所には昔からの日本の悪しき慣習がまだまだ残っているようで、役所は申請された手続きをきちんとこなすのが仕事。ファミリーレストランのように、にこにこなんかする必要はないと思っているようです。最近は、さすがにスリッパやサンダルで窓口業務をする人はいなくなりましたが、以前は結構、見かけたものです。

接客業やサービス業であれば、以前からお客の前をサンダルを履いてペタペタ歩くことはマナー違反として、周りの人たちから注意されてきました。これぐらい両者の認識には差があるのです。

これは私が窓口で感じることなのですが、「お願いします」と呼ぶと、「は～い」と声が向こうのほうからするものの、職員はやりかけの手元の書類を書き終わってからカウンターまで来るケースがあります。私はこれぐらいではクレームを言いませんが、中には忙しい中、時間をさいて窓口に来ているために、急いでいる人をみかけます。このような人が、相手の横柄な態度を見て、「早くしてもらえませんか」と文句が言いたくなるのもわかります。ほかの住民の手続きで手が空いていないのなら、納得もできるのでしょうが、どうもそうではなさそうです。だから時間がない人は、「もっと機敏に動けないものなのか」とイライラしてくるのです。

上手な接客をするには、住民から声をかけられたら、「はい」と返事をし、すぐに受付に向かうことが大切です。どうしても手が離せないときは、相手のほうを向いて「申しわけございません。あと三分ほどお待ちいただけますか」と状況を知らせます。

教訓2　チームワークの力で問題解決を図る

市長は一見、ワンマンに感じますが、住民から集まってきたクレームを解決するために、チームを結成して、職員とともに改善策を考えています。一人では出てこないアイデアやサービスがあることがわかっているから、このような行動ができたのです。

クレームを言った側にしても、市長だけが話を聞いてくれても、役所として動いてくれなければ、問題は改善されません。そういう面でも、チームで問題解決にあたっている事実を公開するのは、十分に価値があります。住民に安心感を与えるからです。

「私どもで解決します」。この姿勢を大事にしましょう。これを実践するには、日ごろから職員同士があいさつをしたり、声かけをするように心がけましょう。

第5章

よかれと思って行動したことが裏目にでることを体験

無意識のうちに人を傷つけているときがある

百貨店

「棺おけに足を突っ込んでいる」とバカにして！　売り場案内の悪かったことが誤解を生む

麻生　美加　26歳【販売員】
短大卒業後、C百貨店に勤務。家具売り場で働く。
「接客はマニュアル通りにいかないことを知りました」

私はめでたくこの春で、C百貨店に入社して、五年目という節目を迎えました。ずっと七階の家具売り場の販売を担当しています。学生時代からインテリアに興味はありましたが、家具の販売担当になったばかりの三年間は、商品に対する知識と、販売力を身につけるだけで、精一杯でした。最近はようやく仕事の流れもつかめ、いままで身につけた基礎が形になってきたように感じています。仕事も楽しんでできるようになりました。

今年の社内の接客目標は『ハートフル・笑顔で接客』。私も一人ひとりのお客様を大切にしていけるように笑顔を絶やさないように気をつけています。でも、ちょっぴり仕事に自信がついた分、気の緩みが出たのでしょうか。私は店頭で大変な失敗をして、クレームを受けてしまったのです。今考えれば、相手に言うときには、気をつけるべきひとことをつい、口にしたのでした。

それは月曜日でした。たまたま前日、私は祖父の一三回忌の法事で休暇をもらっていました。法事を終えて、心の区切りもつき、いつもより軽やかな気持ちで仕事にとりくめると張り切っていました。

商品でもあるテーブルの上に飾った花びんの位置を直していたところへ、向こうから老夫婦がやってきて、横を通っていきました。奥様は、少し背骨が曲がっているようで、ステッキを突いています。ご主人が奥様の手を引いている姿が、なんとも微笑ましい光景で、私は思わず声をかけていました。

「いらっしゃいませ」

まず、第一は笑顔の接客です。

「あんた、介護用品売り場はどこ?」

「介護用品売り場でございますね。こちらの通路を真っ直ぐにおいでになると、仏壇仏具売り場がございます。介護用品売り場は、その仏壇仏具売り場の左手にございます」

私は通路に出て、わかりやすいように、手振りを交えながら、ゆっくりと相手の目を見ながら説明したつもりだったのですが、ご主人は、少しムッとした表情をしたのでし

た。すると横から奥様が、

「だから、わたしは来るのが嫌だったんだよ」

と、低いガサガサの声で言いました。どうも不満なようです。

「ばあさん、いいから！　あんた、こっちだな」

ご主人まで語調を強め、でも少しあわてたように向こうへ歩いていってしまいました。

私はそのとき、そのご夫婦の態度の変化が、理解できませんでした。奥から店頭に並べる商品を持ってきた先輩に、

「何だか変なご夫婦なんですよ。介護用品売り場をお尋ねになったからお教えしたのに、感じが悪いんです。朝からいやんなっちゃうなぁ」

「ま、ご機嫌斜めだったんじゃない？　誰だってそういうときがあるわよ」

私は先輩に励まされ、お客様の機嫌の悪いときこそ、笑顔で応対しなければいけないと、思っていたのでした。

しばらくすると、店頭に斉藤主任が現れて、私のここ三カ月の売り上げの伸びを褒めてくれました。春は新学期や新生活スタートの人が多く来店されます。私が勧めた品物を気に入って、買い求めてくれるケースが増えてきたことが、売り上げにも出ているようでした。褒めてもらったことがうれしくて、主任にお礼を言いながら、「これからも頑張ります」と笑顔で応えました。入荷した商品の商品説明を受けながら、販売のちょっとしたコツも教えてもらっていると……。

笑顔の接客がバカにしたと誤解されるなんて……

先ほどのご夫婦が買い物が終わり、再び私の前を通りかかったのです。先ほど声をかけてもらえたこともあったので、

「ありがとうございました」

と笑顔で、ご挨拶をしました。その途端です。

「何をさっきから、へらへら笑ってるんだ！」

小さな体のどこから、その迫力ある大きな声が出ているのかよくわかりませんが、奥様が杖を突きながら、私たちの方へ詰め寄ってきたのです。

「も、申しわけございません。何かお気に障ったのでしたら、お詫びいたします」

主任がすかさず、近づいて頭をさげます。

「違うわ―、この子だ！　この子！　あんた、私なんか早くくたばればいいと思っているんだろ！　わかっているんだよ。あたしゃ」

まるで杖を振り上げんばかりにして、私に向かって怒り出したのです。私は、奥様からいきなり杖の先を向けられ、呆然として頭を下げることも忘れていました。

「あ、あ、の……」

ただただ、うろたえるばかりです。私は生まれてこのかた、このような場面に遭遇したことはありません。

「私どもの販売員が、何か失礼をいたしましたでしょうか？」

真っ青な顔の私に代わって、主任が奥様から話を聞こうとしました。

「ばあさん、みっともないから、やめとけ！」

今度はご主人が、さらに大きな声を上げながら、奥様と主任の間に入ってきました。

私は何が何だかわからず、突ったたままでおろおろするばかりです。

「わかった、わかった、俺がいうから、ばあさんは黙っとけ！」

ようやく奥様の罵声と杖で床を叩く音が止んで、ご主人が話し出しました。

「あんた、さっき仏壇売り場がどうのって言っただろう！　仏壇売り場なんて、誰も聞いていないのによ。老いぼれだと思って、そんなこと言うんだろ！　棺おけに足突っ込んじまってるみてえによ」

「ま、まさか、そ、そんな！　お客様。私は…売り場が…、介護の…」

「C百貨店が、何様だっていうんだ！　年寄りが、よたよたしてるからって、若い者みんなで、にたにたしやがって！　ばあさんは、あんたに笑われたって、悔しがってんだぞ！」

「そ、そんなつもりは……」

「も、申しわけございません。ご気分を害されたのでしたら深くお詫びいたします。ほら、麻生さんもお詫びして！」

「は、はい。申しわけございませんでした。私はそんなつもりは……」

「麻生さん！　お客様がご気分を悪くされているんだ！」

「は、はい。も、申しわけございません」

私は、主任に促されて何度も頭を下げました。

まったくの誤解です。

「ほれ、ばあさん、謝ってくれてるんだよ」

「謝ったって許さんよ、その手にゃ、もうごまかされんよ」

「お客様！　本当に、本当に申しわけございません」

主任は奥様の前に進み出て、体を小さくたたんで謝っています。

「あんたに謝ってほしくないね！　あの子だよ！　あの子が！　私を笑ったんだ！」

「笑っただなんて……」

私は、あまりのいいがかりに、少し腹が立っていました。そう思うと、それ以上、頭が下がりません。そこで再び、主任に目で叱責を受けてしまいました。

「あんた、どこの子か知らんけど、あんまり年寄りをバカにすると、許しちゃおかないからね！」

杖を何度も私に向けて振りあげ、睨みつけています。

「私、バカになんてしていません！」

主任は呆れ果てて、話の矛先を変えてくれました。

「こちらのものは、麻生と申します。昨日は麻生のおじいさんの一三回忌だったため、法事で休んでおりました。以前から可愛がってくれたと昔話を何度も聞いております。

お年を召した方には、ほかのものより、いとおしい気持ちがあったのだと思います。それがお客様には、かえって失礼になってしまったのかもしれません。申しわけありませんでした」

ご主人が、くるりと私の方へ向きを変えました。

「あんた、おじいさん子だったのかい」

「……は、はい。祖父祖母の両方に可愛がられました」

急にやさしい言い方をされて、我慢していた悔しさが、涙として溢れそうになるのを必死にこらえていました。

「おう、そうか……。ばあさん、年寄りが嫌いって子じゃないとよ」

「そんなら、なんで人の顔見て、仏壇なんていうかぁ。許せん」

「仏壇だなんて……。介護用品の売り場が……」

私は、やっと意味がわかってきました。ご年配の方を前に『仏壇仏具売り場』は禁句だったのです。ちょっと考えればできる配慮だったのですが、最近の成績好調に浮かれて、気配りが行き届かなかったのでした。

「まあ、まあ、悪気じゃなかったろうて」

ご主人も奥様をとりなしています。

「これだから、若い女は嫌いじゃ！　何かっていうと、最後は年寄りのひがみで、話を終わらせる魂胆なんだから！」

主任は、なかなか勢いの治まらない奥さんの怒りを、何とか静めようと懸命です。

「申しわけありませんでした。失礼は心よりお詫びします」

と、平身低頭してお詫びを繰り返しています。しかし、私はショックだったのです。たった今、気づいたことでしたが、自分の失言で、お二人を傷つけてしまったのです。胸の中に後悔の気持ちがいっぱいに広がってきました。

私は呆然として、主任のお詫びをただ見ているばかりでした。しかし、我に返ると、足が前に出ていました。必死に事態の収拾を図っている主任の前へ進み出たのです。そして、お二人に近づいて言いました。そう、それはもう、社内のお詫びの基本をはるかに越えてしまっていましたが……。

年配者の心の中は思ったよりもデリケート

「おばあさん、おじいさん、本当にごめんなさい。私、決して悪気で、仏壇仏具売り場なんて言ったんじゃないんです。許してください」

今まで縮こまって怯《おび》えていた私が、急に前に進み出て深々と頭を下げ、許しを乞《こ》う態度に出たので、老夫婦は少しビックリした様子で一歩下がりました。

「今日は朝から、おじいさんにこんなところへ連れてこられ、つらい目にあったもんだ」

「おばあさん、本当に申しわけありませんでした。でも、私はお年寄りは大好きなんです。小さいころから、おばあちゃん子、おじいちゃん子で過ごしました。たくさん可愛がってもらったんです」

やっぱり涙が瞼の縁で、いまにもこぼれ落ちそうです。

「私、昨日、祖父の一三回忌の法事でした。久しぶりにおばあちゃんに会ったら、なんとなく寂しそうな感じだったんです。よくお二人で出かけていましたから。先ほど、お二人がこちらへ歩いていらっしゃるお姿を見て、羨ましいなって思っていました。本当です！　私のおじいちゃんが、もし生きてくれたら、こんな風におばあちゃんとお二人で歩けたのにって…。本当にそう思ってたんです。だから……悪気で言ったわけではないんです。ご気分を悪くさせて、本当にごめんなさい。許してください」

私は、杖まで振り回して怒っていた奥様の目をしっかり見て、言いました。隣では主任が、そんなことを言うとかえってまずいよ、という視線を送っているのがわかります。それでも私は、お二人に自分の言葉で、ちゃんと謝りたかったのです。

「まあ、いいやな……。ばあさん。気が利かないだけの子だっぺ」

「だけど、わたしゃ、もう来ん」

強い口調で私に言い放って、奥様は私から逃げるように視線を外しました。そして、コツコツと杖を突きながら、一人で先に歩いていってしまったのです。ご主人は、

「ばあさん、機嫌直ったようだで」

クスリと笑いながら、手でもういい、もういいとサインを出しながら、奥様を追っていきました。

私は、お二人の姿が見えなくなるまで、深く頭を下げていました。そして、頭を上げると、今度は主任に、

「申しわけありませんでした！」

と深く頭を下げました。ここで先ほどの状況を主任に説明したのでした。

介護用品売り場を聞かれたとき、思わず『仏壇仏具売り場の左手』と言ってしまったこと。個人的な理由で、お年寄りに親近感がわいて、笑顔の接客が、かえってへらへらした販売員に見られてしまったことなど、途中で主任の質問を受けながら答えました。

胸の奥がひどいことをしてしまったという後悔で、チクチクと痛みます。

「だけど、一応、収まってよかったな、麻生さん。ここで暴れられたら大変だったよ。だけどな、まず、お客様には非礼をお詫びしなくちゃいけない。お客様の言い分を聞い

て納得できないこともあるだろうが、まずお詫びするのが先！　お詫びは仕事だぞ」

「わかっています。申しわけありませんでした」

「まあ、麻生さんが気持ちを伝えて謝ったから、二人も引き下がったんだろう。だけどいきなりおじいさん、おばあさんという呼び方は、通用しないぞ。接客業の基本は守って応対すること。いいな！」

「はい……」

「これはお客様相談室の方へ、クレームが上がるかもしれんなぁ」

主任は、今後の対応を考えているような顔つきをしていました。私は、わかりました、と答えながらも、どうして仏壇仏具なんて、年配の人に向かって言ってしまったのか。それればかりが頭から離れなくなっていました。

主任からは、介護用品売り場に用事があるお客様は、不安や悩みを抱えているケースも多いが、特に当デパートの介護用品売り場には、大人用オムツのすぐれものがあるらしいから、オムツをお買い求めにいらっしゃる方も多くいるらしいよ、と教えられたのでした。

「介護売り場」への案内で「仏壇仏具売り場」の左手という説明は適さない

寝具売り場の奥からずっと私たちの様子を見ていた、マネージャーが出てきました。

「お客様からクレームをいただかないことに越したことはないがね」

そう前置きをして
「クレームを受けたとき、『お客様が、私たちに期待してくださっているから、文句を言うんだよ。期待していなかったら何にも言いはしない』と思うことも大切だよ」

「朝からご迷惑をおかけしました。安田マネージャー、ありがとうございます。そうですね。うちの百貨店なら、お客様を大切にしようと努力するだろうって、ご期待いただいているってことですよね」

二人は私を見ながら、励ましてくれました。

「クレームはな、『売り場がよくなることへの期待』だよ。ってことは、この失敗は二度と繰り返しちゃダメだ。フロアで対策を取っておくべきだろうな。斉藤主任、介護用品売り場までのご案内の言い回しをフロアで統一しておいた方がよさそうだな」

「マネージャー、確かにおっしゃる通りです。介護用品は仏壇仏具の先なので、とっさに仏壇仏具と言ってしまいがちですから……」

「おたくのマネージャーにも相談してみるよ。こんな騒動、二度とやらかすわけにもいかんしな」

仏壇騒動はお客様相談室へのクレームにはなりませんでした。そればかりか、私の失敗が引き金になって、店頭での売り場や各施設へのご案内の仕方が、マネージャー会議で話題に上がったのです。以前から、販売やクレームに対しては、各売り場ごとに基本的な接客マニュアルや応対の仕方が決まっています。

もちろん、教育にも力が入れられているのです。しかし、各売り場や各施設までの案内は、個人に任されていたところがありました。その点が、私の失敗によって注目されたのです。接客時に気をつけなければならない言葉や言ってはいけない表現があるように、「ご案内」の対応も、接客の一つという見方がされたのでした。

マネージャーによると、各フロアからさまざまな注意したい言い回しなどが、上がってきたそうです。あるフロアでは、喫煙場所と聞かれて、「化粧室の前にございます」と言ったら、「便所の前で吸えってことかよ」とお叱りを受けたとか。また、介護用品売り場をご案内する際には、「仏壇仏具売り場」を入れてはいけないことになりました。化粧室前の喫煙コーナーは、「階段の踊り場に喫煙コーナーが設けてございます」の表現を使うように統一されました。

私の大失敗は、ちょっとした話の種になってしまいました。

「そうだよな。わかりやすくご案内しようとして、思わず仏壇仏具売り場の先なんて言ったら、確かに年配の人は怒るよー。すごいバトルになったんだって？」

いつの間にか、私は店内で有名人になっていたのです。

この気配りが大事です！

教訓１　相手の言い分はきちんと聞く

どんなクレームであっても、言いわけや反論をしてはいけません。理由は何であれ、相手に不快感、不便、迷惑をかけたのですから、まずはきちんと受け止めることが大事なのです。それはわかっていても、このケースのように、理由もわからず突然にお客が怒りだしたら面食らってしまいます。つい「誤解です！」と言いたくなるものですが、すぐには反論しないことです。相手が「何に対して怒っているのか」「どうしてほしいのか」を引き出してから、自分の気持ちを伝えるようにします。

さらに、相手の話を「役立てる聞き方」をする姿勢が大事になります。相手の苦情を聞いてはいるものの、その場を謝って切り抜けることだけを考えていてはいけません。二度と同じあやまちを起こさないことが、大事だからです。

教訓２　現状がベストではない。常に新鮮な目を保ち続ける

人は一つの環境に長い間いると、初めは違和感を感じたことでも、時間の経過とともに慣れてきます。介護用品売り場の隣に仏壇仏具売り場があるのは、まさにその典型です。

麻生さんはこのフロアで長く働くうちに、この環境に慣れてしまいました。そのため彼女のような案内のしかたが、お客に不快感を与えることに気づくのを遅らせてしまったわけです。でも、日ごろからお客の声や様子に注意していれば、周りの人たちが不快感を覚えたり、違和感があるときに示すシグナルをつかむことができるものです。

普段、接客しているときに、お客から「わかりにくい」「嫌だ」「おかしい」「面倒だ」など、マイナスの意見を言われていることはありませんか。これはお客が無意識のうちに、あなたに出している否定のサインなのです。ここには苦情の種が潜んでいる可能性が相当高いと言えるでしょう。ですから、これらの意見には耳を傾け、否定される共通点を探し出しそれを改善すれば、クレームは大幅に減ることでしょう。

一度、「お客からの生の声」をみんなで持ち寄って、自由に意見交換をしてみては？

教訓3　売り場のイメージチェンジを図る

介護売り場、仏壇仏具売り場には重苦しいイメージがつきものです。それをうまく取り除くには、観葉植物を置いたり、椅子などを置いて、お客が一息できるスペースを設置するとよいでしょう。人は植物などの緑を目にするだけで安らぎを感じます。さらに、殺風景になりがちな売り場にぬくもりを加えることもできます。

緩和ケア病棟

うちの主人を早死にさせるおつもり？ 患者さんの気持ちをリラックスさせるためが誤解される

矢島　正樹　40歳【医師】
父親は開業医。将来は父の跡を継ぐ予定。
「医者に必要なスキルは、技術力だけでないのを実感！」

「『主人においしい日本酒が手に入ったから少し飲んでみますか』って言ったそうですねえ。主人を早死にさせるおつもり？」

私は内野さんの妻・由美子さんから今にも噛みつかれそうな勢いでした。

たしかに昨日の午後、患者さんの病室を訪れたときに、そんなことを言ったのを思い出しました。

私は、医者になって一〇年。現在は「ホスピス・緩和ケア」病棟で医師をしています。

「ホスピス・緩和ケア」とは、治癒の可能性がほとんど期待できない末期がんの患者のケアを行います。余生を家族など大事な人たちといっしょに穏やかに過ごせることを目指しています。

ですから、ガンによる痛みを和らげ、差し迫った死の恐怖への不安を取り除くよう全力を尽くします。また、患者さんの看病で疲れ果てた家族のケアも、大事な仕事の一つです。

薬を投与して治療方法を考えるよりも、痛みを和らげて穏やかな時間を過ごせるように、最善の努力を注ぐようにします。

ですから、すべての部屋が広い個室で冷蔵庫、トイレ、ミニキッチン、家族のためにソファが設置されています。広い窓からは桜並木を眺めることができます。四月には満開の桜がこの病院の中から最も美しく見える場所でもあります。

殺風景な街中のビジネスホテルよりも、よっぽど快適に過ごせるように、部屋の設計をする段階からさまざまな工夫がこらされています。

また、ナースステーションの横にある共有スペースの談話室では、読書や音楽を楽しめます。ボランティアの人たちが中心になって、月に一回はお茶会を開きますし、クリスマス会なども企画します。

基本的には、患者さんが望めば、食事や飲み物の制限もしません。共有スペースでは家族とともに、出前をとって好きなものを食べたり、飲んだりしてもいいですし、医師の許しが得られれば、短時間の外出も許されます。

とにかく、患者さんと家族が残り少ない時間をできるかぎり、快適な生活を送れるような環境作りに全力を尽くしています。

「先生は偽善者！」と言われてカッとした気持ちを抑えるのが精一杯

こんなことを言っては何ですが、ガンで入院されている内野さんの奥さんと私はどうも、最初から相性が悪かったようです。この病院に緩和ケア病棟ができてから半年。普通であれば、数週間、場合によっては一カ月以上、この部屋に入るために待つのはざらです。

それが院長の紹介の患者さんだからこの病棟にすんなりと入院できたのですが、奥さんから私たちに対しての感謝の気持ちが、まったく感じられません。私はもちろんのこと、看護師もちょっとしたコールにもすばやく、にこやかに対応しているのに、当然のような態度です。

「ありがとうございます」のひとことも言われたことがないのですからね。

もちろん、彼女の気持ちがわからないわけではありませんでした。夫が突然、体調を壊したと思ったら末期ガンの宣告をされたのですから、誰だって取り乱すでしょう。でも、私から言えば、日々、この病棟で死を迎えるのを静かに待っている人たちだっているのです。

ところで、私たちがもっとも憂うつで気を遣うのは、家族に「余命何カ月」という話をするときです。普通病棟の患者さんであれば、寿命を伝えるときとそうでないときがあり、ケース・バイ・ケース。でも、「ホスピス・緩和ケア」病棟では、残りわずかな人生を家族とともに見つめ合い、大事にしてもらいたいという思いがあります。ですから、原則として家族には、機会を作って伝えるようにしています。

ご主人が入院して二週間。ついに、それを奥さんに伝える日を迎えました。私は誰もいない洗面所に向かいました。そして顔を冷たい水で洗い、「ヨッシャ！」と自分を励ますと、気を引き締めて奥さんのもとに向かったのです。

ご主人は眠っているらしく、奥さんは共有スペースにドカッと座り、水槽の中をスイスイ泳ぐ熱帯魚をぼんやりと眺めていました。周りには誰もいませんでした。

「ちょっとお話があるんですけど……。よろしいですか」

優しく声をかけると、

「はい」

と返事をされました。

「奥さん、実はご主人の容態のことなんですが、いま、ここでお話させていただいてよろしいですか」

「はい」

「実はいまの病気の状況から判断すると、ご主人ですが、あと三カ月ほどの命かもしれません。もちろん、誰もその人の寿命を決めることはできないのですから、半年、いや一年と頑張ってくださるかもしれません」

と、言葉を選びながら話したのに、

「何ですって！　少し痩せたけど、とても元気じゃないですか。入院する二カ月前だって晩酌しながら、どこか温泉にでも旅行に行こうかって話していたんですよ。そんな元気な主人なのに、先生はうちの主人に死ねって言うんですか」

「いいえ、そんなことを言ってるんじゃありません。ご家族と過ごせるこの一分、一秒を大事に生きていただきたい。現実ときちんと向かい合うことも大切なので、こうやってお伝えしているんじゃないですか」

「そんなぁ。まず、その三カ月という根拠は何なの！　それはもう、何の治療もできないということなの。そんな言い方はないと思うわ。いい機会だから言わせてもらえれば、素人ながら思っていたのよ。あなたたちは主人が苦しんでいるときに、ただその痛みを取り除くことばかり考えているんでしょ。治そうとは思っていない。それでも医者って言えると思ってるの。偽善者じゃない！」

私は患者さんに、家族と過ごす時間を大切にしてほしいという気持ちから、現状を知らせているのです。告知する側だって苦しいし、悲しいのにそれを偽善者と言うのですから、カチンときました。こんなに一生懸命に患者さんのために働いているのに、それをうそ呼ばわりされるのは、医者の宿命なのでしょうか。

「……そんなことはありません。最善の力を尽くしています」

と、できるだけ平常心を保ちながら答えると、

「だって、主人も生きるって言っているのよ。そのためだったら、夫婦で力を合わせて何でもしようと話しているの。どうにかして、お金だって用意するわ。こんな最悪な状況にいても、希望を持って前向きに生きていこうとしているときに……。余命三カ月なんて決める権利があんたにあるの！」

「奥さん、私たちもできるかぎりの力を尽くしているんです」

「そんなはずない。今のことで、先生のことがよくわかった。化けの皮がはがれたのよ！」

そう吐き捨てるように言うと、ご主人が眠る病室にスタスタと行ってしまいました。

はっきり言って、私だって人の命にかかわることなんか、口などしたくはありません。

でも、これが仕事なんですからしかたがないのです。

この病棟は死と背中合わせの人ばかりですから、医者である私だって元気がないときなどは、精気をうばいとられたように感じることさえあります。それでも患者さんと家族の前では、自分の感情を押し殺し、なるべく元気に振る舞うようにしているのです。

精神的にまいっている患者さんはもちろん、家族から冷たい言葉を浴びせられても、反論してはいけないんです。仕事とはいえ、このつらさは誰もわかってくれないのです。

それからというもの。何回か奥さんと、患者さんの部屋や談話室などで顔を合わせるのですが、私の姿を見かけると、さっとどこかに消えてしまいました。相手から完全に無視されるのです。腹が立つことですが、怒ってはいけません。相手はまもなく死を迎える患者さんの奥さんなんですから。

そして久しぶりに奥さんと口を利いたと思ったら、私がご主人に「日本酒を飲ませて、早死にさせようとしている」と怒っているのです。たしかにお酒の話をご主人としましたが、どうもその真意がうまくご主人から奥さんに伝わっていなかったようです。

「入院したころより顔色がいいから、お酒も飲めるぐらいよくなっていますよ」という気持ちを託して言ったのです。私なりの患者さんに対する励ましだったのです。

というのも、二週間前に患者さんと二人きりになったときに、体の調子がよさそうだったので、入院前の生活について話をしたことがありました。仕事のこと、奥さんのこと、趣味のことなどと会話は盛り上がりました。そのときに、夕食をとりながらの晩酌が楽しみで、ほぼ毎日のように、ビールか日本酒を飲んでいたという話を聞いたのでした。特に地酒を飲むのが大好き。出張しては自分のためにその土地ごとの地酒をおみやげに買ってきたというのです。東北だったらこれ、北陸だったらこのお酒、という具合に。このときに、患者さんオススメの日本酒も教えてくれたのです。

そんな話をしたときに、私は偶然、友人からいい地酒をもらったので、あのときのご主人との会話を思い出したのでした。患者さんの様子を見るために部屋に行ったついでに、お酒の話題を口にしたのでした。

そんな経緯があったことを知らない奥さんは、「私が無理やりご主人にお酒を飲ませようとした」と誤解したようなのです。それだけ言うと、奥さんはまたどこかに行ってしまいました。私は真意を話す機会を失ってしまったのです。

「死を早めることも、遅らせることもしない」ことの重みを知る

「矢島先生、院長がお呼びです」と、総婦長から私のもとに内線電話が入ったのは、そ

れから三〇分ほどたってからでした。

「わかりました。手があきましたら、すぐに伺います」

そう返事をすると、さきほどの奥さんの件だとピンときました。

院長室の部屋のドアをノックすると、中から
「どうぞ」

と、入室を促す返事が聞こえてきました。

「失礼します」

と、静かに部屋に入ると、

「うん？　その様子だと用件がわかっているようだな」

「内野さんの奥さんから何か……」

「そうだよ。奥さん、泣きながら私に訴えてきたぞ。院長の紹介だから、わがままは言っちゃいけないと我慢してきたけど、もうあの先生だけは許せないって！　だって、主人ともう一度、我が家で暮らせるようになるには、専門医に診てもらうしかない。入院した病棟は、ホスピス・緩和ケアかもしれないけど、あなたの生命力だったら、絶対に元気になって退院できると主人に話をしたと言っていた。それを君は、否定するどころか、お酒を飲ませようとしたそうじゃないか。せっかく生きるために好きなお酒を我慢

している夫を早死にさせようとしているって言っていたぞ。ケア病棟では患者が望めば、体調が安定しているときは、軽い晩酌も許している。でもな、医者から飲みましょうと勧めるのは誤解を招く」
「申しわけございません。内野さんがケア病棟に入院されたころよりも顔色がよくなってきたので、励ますために言っただけなんです。院長、患者さんが望んでないのに、まさか私が本当に飲ませるわけがないじゃないですか。
内野さんが好きなお酒の話をすれば喜んでくれると思っただけです。僕がホスピス病棟の担当医をお受けしたのは、ガンの苦しさに負けずに、少しでも穏やかな気持ちで家族と過ごせる時間を提供したい。そう思ったからです。ご存じでしょう。私の兄もガンで苦しんで亡くなったことを……」

「それはもちろんわかる。でも、いまのご夫婦の状況では、まだ目の前に起きていることを受け入れる余裕はないんだよ。考えたことがあるか。ケア病棟は普通病棟とは違うんだぞ。患者さんも家族も生き続けるために闘っているんだ。必死なんだ。人生の土俵際で、綱から外に出ないようにと、ギリギリの線で踏ん張っているんだよ。それこそ、命がけの勝負だ。そんな患者さんに冗談が言える君の神経がわからんのは、しかたがあるまい。君はその現実がわかっているのか」

「はい、すみません……」

「事情は私のほうから、奥さんに話しておく。どちらにしても、一度、この件についてはケア病棟の医者、看護師を集めて話をせにゃならんな」


　私たちが打ち合わせ室に集められたのは、翌日の午前一〇時でした。

　院長自らが今回の経緯を話し、一人ひとりにそれに対する感想と意見を求めたのでした。看護師の中には私が気の毒になったのか、ここ数日、自宅に帰ったあとも、病院に呼び出されている現状があることなどを話してくれました。昼間だけでなく、午前二時ごろと午後五時の二回、この週は呼び出しがあったことも付け加えてくれたのでした。

「大変なのはわかる。いつも君たちには感謝している」

そう院長は言うと、

「患者さんへの優しさとは何だと思う？」と質問してきたのでした。

「相手の気持ちになって考えることです」

「そうだ。『緩和ケア』は人が生きることを尊重し、私たちだっていつかは迎える死への過程に敬意をはらうことだ。そして、死を早めることも死を遅らせることもしない。そのために痛みや不快な身体症状を緩和することに全力を尽くす。生きていることに意味を見いだせるようなケアを行うことだったはずだ。でもな。患者さんによって望んでいることや感じ方はさまざまだ。人は突然に、『死』という言葉を口にされて納得するはずがないんだよ。患者さんが病気を治して、生きていくことが前提だ。でもいつか来る死を迎え入れる準備をすることも大切なことを患者さんに説明していないんじゃないのかね。まずは、相手の話を聞くことだ。だから『緩和ケア』の考え方を一方的に押しつけるのは、患者のためじゃないんだぞ」

私にとって院長の話は、胸にずしりと響きました。痛いところをつかれたのでした。

いつもはみんなの前で意見を言わない看護師の金子さんが、

「意見を言っていいですか」と、静かに話しはじめました。

わりあいおとなしい看護師なのですが、なぜか患者さんからの評判はいい女性です。

「あるとき患者さんのお母様から、言われたことがあるんです。設備もいいし、何でも好きなことをしていいし、本当にリラックスできる病棟だって。でもね、この病棟の先生たちも看護師さんも私たちと話をするときに、腫れ物に触るように優しすぎる。娘は今、私の目の前で生きているし、生きようとしている。それなのにまるで大事な人を亡くした母親に接しているように話しかけられているような気がする。金子さんはもしかしたら、うちの娘が死んでしまうという前提でケアをしてくれているんじゃないんですかって。ドキリとしました。何と答えていいかわからなくなりました」

「そうだ。患者さんやその家族に優しすぎるのもいけない。それは同情になる。私は自然体でいることだと思うね」

院長は自分の意見を言うと、一人ひとりの医者や看護師たちに考えを尋ねていきました。

急きょ、みんなが集まって話をしたこともあり、普段、みんなが考えていることがすべて出てきたわけではありません。それもあって総婦長の意見でこれからは、定期的に「接遇プロジェクト」を作って、患者さんやその家族のためになるケアについて話し合いをしていくことが決まりました。

私は内野さんの奥さんに、この件についてどのように話を切り出そうかと考えました。素直に謝ってしまおうか、相手が何かを言って来るまで待とうか。私は正攻法でいくことを決めたのです。その翌日です。私は奥さんがお気に入りの熱帯魚を眺めているときを見計らって、「この前は気遣いが足りなくて……」と話しかけたのです。

「はい」と返事をしてくれましたが、「急ぎますので」と言って、建物の外のほうに行ってしまいました。どうも私のことは許せないようでした。

あの私の「日本酒事件」から三週間ほどたちますが、相変わらず奥さんは私のことを完全に許してくれたようではないようで、私が話をしているときは、目をそむけて聞いています。

ところで、ご主人の容態は、一進一退というところです。

「よかれと思った発言も、ときには人を傷つける」。医者として、むずかしいオペも正確に行う自信がありますし、技術力はずいぶんとアップしました。

でも、今、患者さんたちとのつきあい方に迷っています。

この気配りが大事です！

教訓1　「見つめあって話を聞く」のではなく「同じ方向を見ながら聞く」態勢に

人は向かい合って話をするよりも、横隣りに座って話をするほうが親近感が増しますし、本音がでやすくなります。深刻な話や解決法を話し合うときなどは、テーブルに対面して座るのではなく、ソファに並んで座り話を聞くようにしましょう。

対面すると、感情の動きから表情の変化まで、すべてを相手に見られているようで、緊張するからです。並んで話をすることで、「相手から見られている」という意識も薄らぎ、素直に気持ちを告白できるようになります。

教訓2　相手の望み通りに演じる優しさも大事

病気になると、たいていの人が気弱になります。ご飯を食べたくても食欲がない、走りたくても足が動かない、物忘れが激しくなるなど、症状は人それぞれですが、元気だったころに比べて、自由がきかない部分がたくさん出てきます。それがストレスにもつながり、自暴自棄になることさえあります。

気落ちしている相手を元気づける方法の一つとして、医師や看護師が患者の望み通りに演じてみてはどうでしょうか。患者さんから「公園を散歩してみたい」と言われたものの、外出は今の状況では無理です。そこで「元気になるまで、待ちましょうね」と簡単に片づけないことです。

あなたが患者さんの代わりに公園に出かけて、野草を摘んできてあげればいいのです。それを花びんに飾りながら、公園の様子を伝えてあげてはどうでしょうか。風の状態、木の香り、子供たちの歓声など感じたままを伝えてあげる優しさを身につけましょう。

教訓3　患者さんの本音には、極力耳を傾けること

患者が自由に感じたことを語れる「交換ノート」や「お声箱」の設置をしましょう。口では言いにくいことも気がむいたときに、自分の気持ちをぶつけられるツールがあるのはうれしいものです。

もちろん、書く内容は自由。その中から病院への意見や改善案などがあったら、院内で定期的に話し合う場を持ってはどうでしょうか。患者さんへのサービスの質をあげるための情報としても役立ちます。私が知っている病院では、患者さんたちに少しでもリラックスしてもらう方法を考えるために、勉強会を盛んに開いています。

また、別の総合病院では、外部から講師を招いて接遇研修を定期的に開いています。

さらに、ここでは院内で接遇を考える「接遇チーム」まで作り、内科、小児科、婦人科という壁を越えて医師や看護師が集まり、患者さんに安心して利用できる病院作りを目指しています。

ところで、患者さんのためといって、ボランティアの人たちに力を借りて、お茶会や花見会などを開いている病院があります。とてもいい試みですが、これは会を開くことが目的ではありません。患者さんたちが、参加してよかったと感じたときにはじめて開催する意味が生れてきます。

ですから、会の形式にとらわれないこと。患者さんたちの意見を積極的に取り入れながら、みんなが楽しめる行事を考えていくことが必要です。ときどき、ここを勘違いしている人たちがいるので、最後にひとこと付け加えておきます。

第6章

ピンチを喜べ！　クレーマーを誘導し、ビジネスチャンスにするコツ

店のイメージダウンを「上手に阻止する」とっておきの秘訣

鉄則1　頭《ず》に乗って文句をいうクレーマーには「反論応酬話法」を使ってみよう

クレームが発生する原因の一つとして、お客の期待した通りの結果が得られないときがあげられます。「大好きなモンブランケーキを買ったら、以前より味が落ちた」「電車よりタクシーを使ったほうが早く目的地に着くと思ったのに、ずいぶんと時間がかかった」などがこれにあたります。

自分が考えていた期待通りに物事が進まなかったときや、それが裏切られたときに、人はクレーマーに変身するのです。

それは、「いいと思ってお金を出したのに裏切られた」「その会社を信用して商品やサービスを買ったのにまったく予想に反した」ことに対して怒りをあらわにしているのです。このようなお客を納得させるには、ひたすら謝るだけではダメです。一〇〇%、自分の非を認めたことになるからです。「ケーキの味が落ちた」というのは、お客の感覚的なもので事実と反することもあります。その店のケーキ自体は何も変わっていないのですが、お客がぜいたくになって味覚が変わったことも考えられます（もちろん、お客の主張通りに、材料費を低く抑えた事実があるのなら別ですが）。

タクシーだってそうです。たまたま道が混んでいれば、運転手がどんなに急いでも、所要時間が読める電車より遅れることだってあります。この場合、お客も「道路が混んでいる」という事実を目の当たりにしているのですが、どうしても「運転手が近道を使わなかったから」(もし、近道だったとしてもそれを認めない)「運転手の判断がもたもたしていたから、たくさんの赤信号にひっかかった」などと相手のせいにしたいのです。

ここにはお客の心理として、電車賃よりも二、三倍の料金を払うのに思い通りにならなかったくやしさも加わるのでしょう。

このようなときは、相手を不快な気分にさせた点について謝ります。

①のケーキの場合は、「せっかくお買い上げいただきましたのに、ご期待にそえず申しわけございませんでした」

②のタクシーであれば、「お急ぎでいらっしゃいますのに、時間がかかりまして申しわけございません」という具合です。

でもその後が肝心。ただひたすら相手の意見を受け入れるだけでは、クレーマーの感情はおさまりません。クレームの論点をつかんで、その部分に柔軟に答えていくようにします。このときに役立つのが「反論応酬話法」です。

①には、「お客様、今後のためにお聞かせいただきたいのですが、ケーキの味がどのよ

うに落ちたとお感じでいらっしゃいますか」と相手に質問をして、感想を引き出すようにします。これが逆質問法です。

②には、「おっしゃる通りに、○△にいくのに今日はお時間がかかりますね。でも、この先の道は一方通行が多いので、ぐるりと回るような印象を受けられるかもしれませんが、この道を通ったほうが少しでも時間の短縮になるかと判断いたしました。よろしいでしょうか」と、逆転法を使うとよいでしょう。

このように相手からこの時点で不満に思っている気持ちを引き出すと、不思議と相手も心の整理がつくようで、状態を理解してくれるようになります。もし、そうでなくても気持ちを人に話すことで胸のうちが楽になってきて、クレームがおさまるようになります。ぜひ、一度、お試しあれ。

鉄則2　「期待はずれ」と公言する相手には現状をきちんと説明しよう

女性は男性よりも「美」へのこだわりが強いように感じます。「いくつになっても美しくありたい」というのは女性の本能なのかもしれません。

本題からずれてしまいますが、どうしてこのような男女差があるのでしょうか。男性は子供が産めません。ですから子孫を残す先を求めなければならない立場ですから、自分の好みに合った女性がいないのか、常にそのチャンスを探し、切り開いていきます。

一方、女性は子供を産み、子孫をお腹の中に宿す立場ですから、気にいる遺伝子を授かるために相手を待ちます。このいい遺伝子選びが、女性にとっては大事な仕事。変な遺伝子をつかまないためには、外見を美しく装い、ステキな男性とめぐり合う準備をすることは非常に大事です。それもあって、女性は美にこだわるのかもしれませんね。

この潜在意識を理解していただくと、女性はコスメティック、美容院、エステなどに高い関心を示すのもわかってきます。男性にめぐりあうためだけでエステに行くわけではありませんが、本人が意識する、しないにかかわらず、「美」への強い関心が高くなるのはある面、当然なのです。その分、女性のエステに対する期待度も、相当高いと言えます。だから、一回当たりに一万円前後（ピンキリですが……）の費用をかけるのも当たり前なのだと思います。

これがわかれば、エステを終えた女性が「まったく美しくなるために効果がなかった」と感じたときがこわいのがわかります。冷静に考えれば、長い年月をかけて刻み込まれたシミやシワを一回のエステできれいにしようというのが早急すぎるのです。長い年月によってできたシミなのですから、同じだけ時間をかけないと、美しくなるのはむずかしいのです。

ここをエステティシャンは、相手にうまく説明してあげることです。そうでないと、お客である女性は、その場の結果だけを見て、お金をかけたのにほとんど変わっていないと、クレーマーになってしまう例も多々あるのです。

このようなときは、クレームを言われた側は、相手にわかりやすい言葉を選んで、現状をきちんと説明するようにしましょう。

友人のエステティシャンのDさんは、常連客からクレームを言われたのですが、きちんと説明したら納得してもらえたというのです。その方法は、まさに現状を確実に説明するものでした。

仮にK子さんとしましょうか。彼女は顔のエステをはじめて半年あまり。どんなに忙しくても毎月、一回は欠かさずKエステに通ってくれています。家でもDさんが教えた通りに顔の手入れをしてくれていることの相乗効果で、シミも薄くなり、肌のつやもよくなりました。ある日、店に置いてあったパンフレットを見て、ぜひ、今度は「ハンドエステ」をやってみたいと要望され、行ったそうです。

ところが、終わったあとのK子さんの表情はみるみる曇っていきました。というのは、「やる前と手の感じがまったく変わっていない」と言うのです。顔のエステだと、終わったあとに顔の皮膚がピ～ンと伸びているのが実感できるのに、それがないというのです。高いお金を払って損をした、とブツブツと文句を言っていたのでした。

ここでDさんは、「説明不足だったようで、申しわけございませんでした」と、すぐに詫びたあとに、「初めてのご経験でおわかりにならないかもしれませんが、おやりになる前よりは、手はスベスベになったと存じます。ご安心していただいてよろしいかと存じます。ただ顔のエステに比べて、手は実感がすぐには感じにくいかもしれません」と言うと、ほかのお客の今まで体験したハンドエステの写真を見せたそうです。

初めてハンドエステをしたときから、三回目、五回目……と回数を重ねたことで、どれぐらい手が美しくなったかは、それで一目瞭然です。

初めは不満足な表情をしていたK子さんも、もう少し気長に待ってみようと思われたようで、「わかったわ」と言うと、次の予約をして帰られたそうです。

さらに彼女は決め言葉として、「きれいなお花も種をまいてから丹念にお水と愛情を注がなければ咲きません。でもその過程も大事ですし、ゆったりとした気持ちで構えればそれ自体も楽しめます。ごいっしょに、K子さんの手が美しくなるのを楽しみにしたいと思っております」

と、添えたそうです。

このように着眼点を変えると、いままではマイナスしか見えなかったものも、プラスに転じてくるのです。

鉄則3　「担当者を代える」はクレームの嵐をおさめるテクニック

他人から外見を褒められたときは別として、痛いところを指摘されると腹が立つことがあります。たとえば、三〇歳のあなたが、「最近、何となく顔の艶がないなぁ」と思って、化粧品売り場に出かけました。すると、高校を卒業したばかりに見える美容部員が顔をくっつけてきて、「肌が荒れていますねぇ。お客様の年齢ですと、こちらの美容液はいかがですか」と、プロの顔をして言われたら、どう思いますか。

「失礼な！」と一言返したくなるものです。それどころか虫の居どころが悪ければ、クレーマーになってしまうかもしれませんね。

冷静に考えれば、相手の言うことは当たっているのですが、それを認めたくない心理が働くのですから、クレームはおさまるはずがありません。それどころか、さもわかったふりをして、自分の気持ちなどわかりそうもない若い女性にストレートに事実を言われると、カチンとくるからです。

こうなってくると、若い女性が事実を述べているにしろ、気にいらないのですから、クレームはおさまるはずがありません。それどころか、さもわかったふりをして、勉強してきたばかりの美容用語を並べたてられると、反発さえ感じるものです。美容部員にしてみれば、一生懸命になって商品説明をしていても、それが裏目に出るわけですから、平行線をたどるばかり。このようなときのお客の気持ちをしずめるには、まず担当者を変えることをオススメします。

でも、応対者の選び方ですが、誰でもいいというわけではありません。お客と同じ年齢ぐらいの担当者に代わってもらうのがコツです。

このように私が考えるのは、ある経験があるからです。一年ほど前ですが、四〇～五〇歳の女性で、月々、化粧品を二万円近く使う人たち一〇人ほどに、「化粧品売り場」についてお話を伺ったことがあります。彼女たちに日ごろ、買い物をするときの不満を尋ねると、百貨店の化粧品売り場は、二〇代の若くてきれいな女性ばかりで、行きにくい。肌の悩みを相談しても、通り一遍のことしか答えてくれないし、自分の肌との差に劣等感すら感じるということでした。だから敷居が高いというのです。

その中でも三〇歳を過ぎた美容部員さんがいる化粧品売り場だと、足も運びやすいし、相談しやすいと教えてもらったのが、頭に残っていたからです。

ですから、交代するならお客の気持ちが自然にわかる人が応対するのがベストだと思っています。

お客と同年代の人に代わったら、

「さきほどはうちの美容部員が大変、失礼なことを申し上げました。お客様の肌がデリケートだと申し上げたかったのだと思いますが、言葉足らずだったのでしょう。お客様がご気分を害されたのは、私の指導が悪かったのだと存じます」とお詫びしたあとに、「実は私は短大を卒業して働きはじめてから一〇年ほどになりますが、最近、肌の荒れが気になるようになりました。特に口の周りがすぐにカサカサになります。仕事柄、いろいろな化粧品はもちろんのこと、サプリメントも試しました」と切り出すようにします。

お客に「ああ、同じぐらいの年齢なんだなぁ」と確認させるためです。同じ年ごろだとわかると親近感が出てきますし、自分の悩みもわかってくれるはずだと相手は心を開くからです。こうやって相手の感情をおさめたうえで、「あなたにとても関心があります」という姿勢で接してお客の言い分やニーズを引き出していけばいいのです。

こうすれば、さきほどまで怒っていた相手も、説得力がある美容部員の説明に、いつの間にかうなづくようになるものです。それどころか、新しい美容液を手にしているかもしれません。

鉄則4 理にあわないクレームでも「察する能力」を磨けば解決法は見える

商品を販売する側には非がないのに、イライラしているからと、その感情をストレートにぶつけてくる人がいますが、これは「いちゃもんをつける」というたぐいのクレームです。この場合は、相手の言い分を聞くことは大事ですが、「無理なことは無理！」と断る強さも必要です。それがエスカレートしてこじれた場合は、弁護士に相談することも想定しましょう。

一方で、同じようなわがままなクレームに見えても、事情を聞いてみると、そこには深いワケがあるときも。このケースでは、言い分を聞いたあとの断り方にも気遣いが必要です。そうすることで、要望に応えられないとしても、相手に申しわけないと思っている気持さえ伝えれば、相手の感情はおさまるものです。

ある和菓子店の奥さんから聞いた話は、まさにこれでした。暑い夏の日の午後、R和菓子店に一人の老婦人が栗まんじゅうを買いにきたそうです。ところが、このお店では、真夏に栗まんじゅうは扱っていません。ご主人が老舗の菓子屋で修業していたころ、和菓子作りの心とは「和菓子を通して、お客様に季節を感じてもらえる一級品を作ること」

と教えられたからです。今では年間を通して、栗まんじゅうを作る店がありますが、それは「和菓子道」に反することと学んできたからです。

老婦人に尋ねられた店員は、「お客様、今の季節は栗まんじゅうはございません。こちらの店では、栗と大豆にこだわっておりますので、秋にしか栗まんじゅうをお作りしていないんです。ふつうのおまんじゅうは、いかがですか」と答えたのです。するとご婦人は、

「夏に栗まんじゅうじゃ、いけないの?」

と怒り出してしまったのです。店員は「この季節に栗まんじゅうはないのですから、しかたがありません」を繰り返すのに対して、ご婦人は「ないのはおかしい」と、どちらも譲らなかったと言います。

それを聞きつけた奥さんは、

「申しわけございません。店のものが失礼をしたようで、お許しください。栗まんじゅうでございますか。お客様への言葉遣いのご無礼はのちほど、厳しく話して聞かせますので、お許しくださいと詫びると、

「ずいぶんと礼儀知らずの店員さんね。あちこち探してなかったからここまで来たのに」

と言いながら、怒りはおさまらない様子です。奥さんは何か事情があるにちがいないと勘が働いて、

「遠くからお越しいただいたのに、ご用意できなく大変申しわけございません。ところで、私も栗まんじゅうが大好きなんですよ。お客様もお好きでいらっしゃるんですか」

と尋ねると、老婦人は、昨年この時期に亡くなられたご主人が、栗まんじゅうが好物だったこと。一人住まいとなってしまったのだが、夫の月命日に栗まんじゅうを供えたかったというのです。

事情がわかれば、店のポリシーなどは、お客には関係がありません。でも店では作っていないのですから、お詫びするしかありませんでした。ただし、老婦人からお名前と連絡先だけは伺ったそうです。

夜、ご主人がお帰りになると、奥様は昼間の事件を相談したそうです。ご主人は事情がわかると、栗を取り寄せて、栗まんじゅうを作ったのです。

奥さんは「今回は亡くなられたご主人のために特別にお作りしました。私どももご主人をご供養させていただきたいと思います」ときっぱりと言って、老婦人に渡したそうです。

翌年から老婦人は秋になると、栗まんじゅうをこの店に買うために来店されるようになったそうです。まさに、お客を味方にしたと言えるでしょう。

★クレーマータイプ別お詫びフレーズ集

◆ひたすら怒り続けているお客

①「まずは、お話を伺わせてください」(傾聴)
②「さようでございましたか」(受容)
③「○○ですね」(確認)
④「○○といたしますが、いかがでしょうか」(提案)
⑤「ご迷惑をおかけいたしました」(謝罪)
⑥「今後ともよろしくお願い申し上げます」(願望)

◆いやみを連発するお客

①「お察しいたします」(同意)
②「申しわけございませんでした」(謝罪)
③「○○については、以後、気をつけます」(決意)
④「○○といたしますが、よろしいでしょうか」(確認)
⑤「どうぞ、今後ともごひいきのほど、よろしくお願い申し上げます」(願望)

◆大声を張り上げているお客

①「ご迷惑をおかけいたしました。私、○○が承ります」(挨拶)
②「さようでございますか」(受容)
③「大変、申しわけございません」(謝罪)
④「お察しいたします」(同意)
⑤「○○には解決いたしますので、ご安心ください」(提案)

◆交替でクレームをいう二人連れ客

①「ご迷惑をおかけいたし、申しわけございませんでした」(挨拶)
②「A様、B様のお二人にもうしわけなく存じます」(謝罪)
③「○○ということですね」(確認)
④「かしこまりました。○○のようにいたします」(提案)
⑤「A様、B様、こちらでよろしいでしょうか」(質問)
⑥「どうぞ、今後ともよろしくお願い申し上げます」(願望)

◆ずっと怒っていて電話を切ってくれないお客

①「わざわざお電話をいただきまして、申しわけございません（挨拶）
②「○○でしたか。ご迷惑をおかけいたしました」（謝罪）
③「○○は△△様がご担当でございますよね」（確認）
④「皆様にご心配をおかけいたしました」（再び、謝罪）
⑤「精一杯対応させていただきます。ご安心ください」（宣言）

◆「誠意をみせてほしい」と一点張りのお客

①「ご迷惑をおかけいたし、申しわけなく存じます」（謝罪）
②「○○でございますか」（傾聴）
③「では、○○でご挨拶をさせていただけませんでしょうか」（提案）
④「私どもでできる範囲は○○ですが、△△ではいかがでしょうか」（提案）
⑤「○○は精一杯させていただきます。ご安心ください」（宣言）

おわりに――相手から逃げない気持ちがクレーム処理を円滑にする

クレーム処理で最も大事なことは、相手から逃げないことです。さて、ここであなたがどれくらいクレーム処理から逃げない気持ちがあるのか、ちょっとテストをしてみましょう。

ここに氷が入った氷水がコップ一杯、用意されています。私が、「さあ、いまから一気に飲んでください」と言ったらどうしますか。喉が渇いていなければ、あなたは拒否したくなることでしょう。それでも私は、「あなたが氷水を飲むまでここを動きません」と言ったら、あなたはどうしますか。飲みますか、飲みませんか。

おわかりいただけたと思いますが、「嫌なもの」でも飲まなければ、クレーム処理はうまく進まないのです。これが「相手から逃げない」ことを私がお願いしている理由です。ぜひ、これを頭に入れておいてください。

「そんなの無理だぁ」と弱気になっている人のために、私からひとこと言わせてもらえれば、これは誰にでもできると思っています。

それは人間の心の奥底には母性や父性が存在するからです。まだ、独身の人もいるでしょうが、あなたが父親や母親になったときには、どんな不出来な子供でも、危険な目に合ったら、本能で自分の身を捨てても守りぬくと思いませんか（残念ながら、最近のニュースを見ていると例外もありますが……）。

自分が扱っている製品や商品などが、不良品だったというのは、まさに不出来な子供のようなものです。ほかの人に迷惑をかけたことで非難されたことに関しては、きちんと詫びなければなりません。でも、その内容がエスカレートして、無理な要求になったときに、ギブアップしてはいけないのです。子供と同じように、最後までかわいい製品や商品をあなたが守らなければなりません。

では、ここでクレームから逃げないで、うまく処理するための心構えの方法をいくつか考えてみたいと思います。

① わがままなクレーマーにひるまない。道理に合わないクレームを言われたときにひるんでしまうと、その弱くなった気持ちの部分につけこまれる可能性があります。もし、自分に非がないのなら、「お客様！　まずは、どうぞこちらに」と堂々とした態度で接しましょう。

② 次に、じっくりと相手の話には耳を傾けます。クレーム対応をしている人の中に

相手の言い分は聞くけれど、道理に合わないからと、まったく謝らない人がいます。それではダメです。相手はお客様なのですし、気分を害していることがあるのは事実ですから、それに対してはきちんと詫びるようにしましょう。

③ 第一印象は大切です。相手に心を開いて接しましょう。相手を疑わしい目でジロジロ見てはいけません。クレームを聞いているときは、できるだけ相手の目のあたりを見るようにします。決して下を向いて話を聞いてはいけません。態度で拒否していることになります。

さらに、おじぎをするときは、四五度の最敬礼で丁寧に頭を下げるようにします。普通は、頭を下げている時間は一拍ですが、三拍、四拍と長めにしてもよいのです。動作もすばやく、一つひとつの動作はリズミカルに。さらにクレーム処理に必要な書類や道具をとりに行くときも、小走りするぐらいの気持ちを持ちましょう。

④ 相手を尊重する言葉遣いをします。「大変、申しわけございません」は基本ですが、「わざわざお越しくださいましてありがとうございました。このたびはご迷惑をおかけして、大変、申しわけございませんでした」が使えるようにしてください。クレーマーは嫌な思いをしたあげく、時間を作ってわざわざ来店したことを頭に入れておくように。

クレームが起きてしまった事実は、変えられません。でも、人の気持ちは変えられます。ぜひ、その後処理をスムーズに進めて、相手と壊れかけた関係を修復するために力を尽くしましょう。

本書を上梓するにあたり、取材協力をお願いした井本珠美氏、佐藤久美子氏、松尾友子氏をはじめ、私の執筆までを温かく見守り、アドバイスをいただいた成美堂出版の道倉重寿氏と有限会社マナップ　村上直子氏には、心からお礼申し上げます。
また、本書の趣旨を理解いただき、情熱を注ぎカバーのイラストを仕上げてくださったイタストレーターの谷村大輔氏にも感謝申し上げます。

新しい出会いに、胸をときめかせながら

本書は成美文庫のために書き下ろしたものです。

成美文庫

実録「難クレーム」解決マニュアル

著　者	浦　野　啓　子
発行者	深　見　悦　司
発行所	成　美　堂　出　版
印　刷	大盛印刷株式会社
製　本	株式会社越後堂製本

©Urano Keiko 2004 Printed in Japan
落丁本・乱丁本はお取り替えいたします。
定価・発行日はカバーに表示してあります。

ISBN4-415-07074-4

クレーム処理が上手い人 下手な人

浦野啓子

土壇場に強くなればどんなトラブルもチャンスになる。ピンチはプラスに変わる。百%の真心を伝える達人のマニュアル。

1分間「接客術」トレーニング

浦野啓子

相手に「買いたい」「信頼できる」と思わせるコツはマニュアルにありません。本書で心の反射神経を徹底訓練して下さい！

「ビジネス好感度」を高める本

浦野啓子

自分では気づきにくい不作法・無知・非常識を再チェック。あらゆるビジネス関係を、いつも「いい感じ」に保つ全技術。

労使のトラブル解決BOOK

河野順一

給料、雇用、人事の「最近よくある」実例を通して「こうすればいい」が明快にわかる本。どんなピンチにも道は開く！

巧みな「ノー」が言える本

坂川山輝夫

ノーや苦情など言いにくいことほど言わねばならないこと。「あなたなら許せる」と言われる人になる臨機応変の会話術。

七田式「超右脳」トレーニング

七田　眞

潜在能力を引き出すことで頭は突然よくなる！　呼吸法から食事術まで「七田メソッド」のすべてをコンパクトに集大成。

仕事は整理の速さで決まる！ 壺阪龍哉

単なる「片づけ上手」では仕事は効率化しない！　能力アップに直結する時間の使い方、情報の捨て方、行動の変え方。

絶対に負けない！「とっさの切り返し話術」 中川昌彦

かわす、間をとる、すり替える……どんな場面、どんな相手、どんな攻撃でもあなたを優位に立たせる即効話術を一冊に凝縮。

「初対面」の心理戦に勝つ！ 内藤誼人

出会いに「第二印象」はない。自分の何を見せるか、相手の何を見るか。勝負は瞬時だ。どんな相手も味方にする実践術。

解決力！ 奈良井安

ビジネス思考力がみるみる向上する33の「使える事例」。人間関係からクレーム処理まで、もうどんな難問にもあわてない！

脳を鍛えるやさしいパズル 西村克己

三＋四＝□のクイズ思考はもう限界。□＋□＝七のパズル発想に頭を切り換えよ。論理と数字に強い戦略脳が目覚める本！

「論理力」が身につく本 西村克己

速く、正しく、もれなく考える技術を集大成。コツさえつかめば頭は鋭くなり、理想的な仕事と人生が自然に実現する！

頭にくる上司、手をやく部下との対話術
福田　健
立場や個性が違うからこそ対話が欠かせない。伝える力、わからせる技術、歩みよるルールが魔法のように使え始める！

交渉の心理戦に勝つ！
村山涼一
トッププレゼンターの凄腕ノウハウを凝縮。人を押しのけて勝つのでなく、良好な関係で成功する方法が完璧に身につく。

知恵を出す技術
矢矧晴一郎
アイデアや工夫にも「大量生産方式」が当てはまる！「知の回路」を頭に刻んで後知恵、浅知恵の悩みを永遠になくす本。

「トヨタ流」自分を伸ばす仕事術
若松義人
知恵の出どころはあなた自身。ではそれを無限に掘り起こす思考術、勉強術は？すべてのビジネス人のための最強啓発術。

トヨタ流「最強の社員」はこう育つ
若松義人
「普通の人」がなぜ一流の仕事をし、一流の人になるのか。成功への世界的な流れを本書で知ってほしい。実践してほしい。

トヨタ流「改善力」の鍛え方
若松義人
世界標準「カイゼン」はあなたのためにある。使いこなせ。成功法にせよ。強者のノウハウはあらゆる場で必ず強いのだ。